諦聽與愛語

一行禪師談正念溝通的藝術

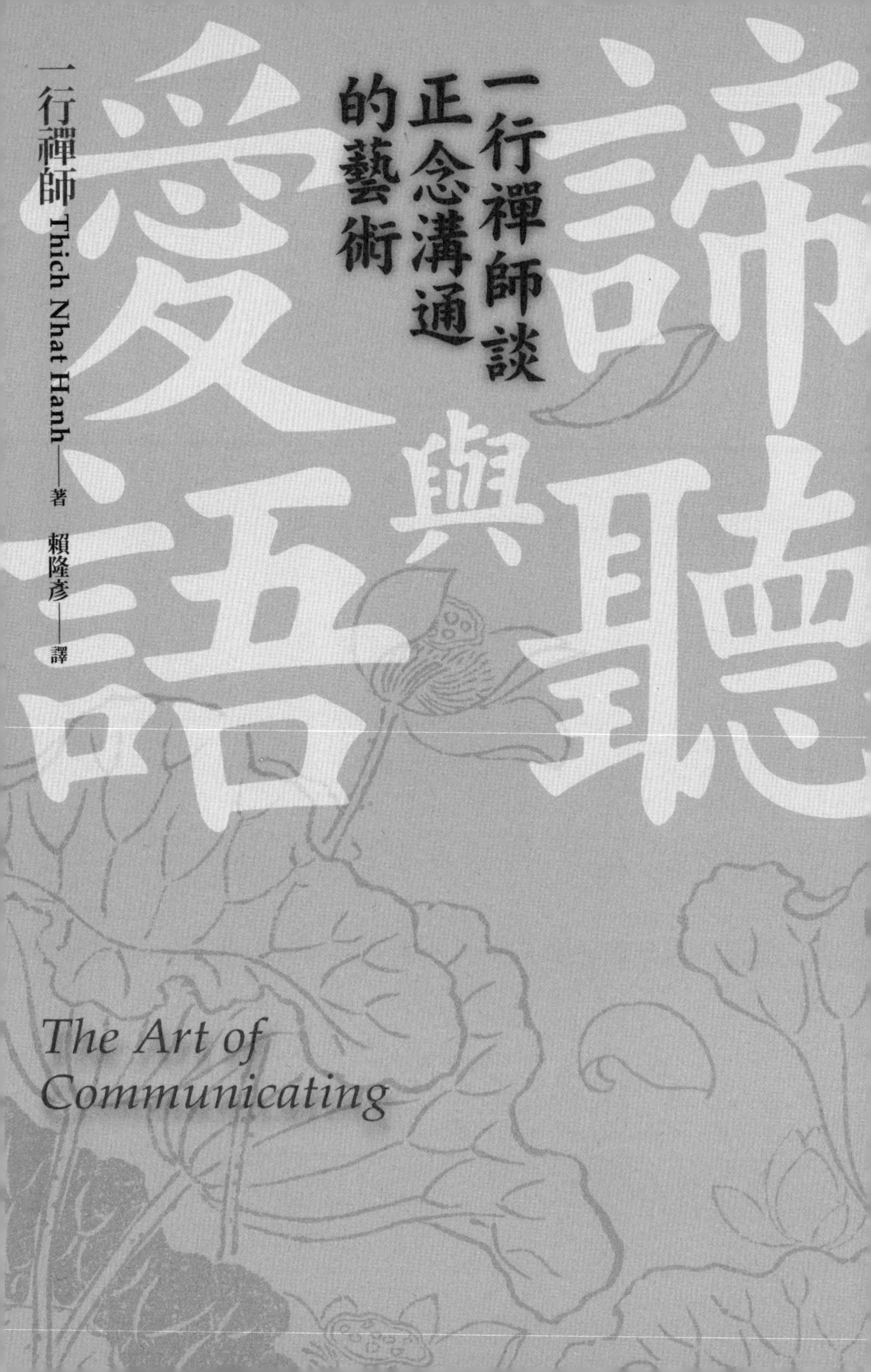

一行禪師 Thich Nhat Hanh——著
賴隆彥——譯

The Art of Communicating

諦聽，慈悲地聆聽，你會更完整地了解對方，愛也會獲得滋養。

愛語，善巧地說話，傳達洞見、了解與慈悲，帶來喜悅與平安。

目錄

一

溝通是生命的必要食物

Essential Food

藉由正念，我們製造的想法、話語與行動，
會滋養我們的關係，幫助它們成長與茁壯。

一切都需要食物才能生存。我們攝取的每樣東西，對於身心不是有益就是有害的。我們經常以為，只有從嘴巴吃進去的東西才是食物，但其實透過眼睛、耳朵、鼻子、舌頭與身體所攝取的也都是食物。我們周遭的對話，以及我們自己與他人的交談，都是食物。而我們是否攝取並創造了健康且有益身心成長的食物呢？

當我們所說的話語能滋養自己並提升周圍眾人時，便是在增長慈愛與悲憫。當我們以某種會造成緊張與憤怒的方式說話及行動時，則是在滋長暴力與痛苦。

我們經常從四周人事物及透過所看所聞，攝入了有毒的訊息。我們真的攝取到能增長了解與慈悲的東西嗎？如果有的話，那就是好食物。通常，我們攝入的都是會令自己感到心情惡劣或惶恐不安的訊息，不然就是批評及貶抑別人的訊息。我們可以將溝通視為「營養」與「攝食」。網路是「攝食」的項目之一，當中充滿各種有益與有毒的食物。我們很容易在短短幾分鐘內，便從線上攝取到大量的資訊。這並不表示你不應該使用網路，而是應該要覺察你正在閱讀與觀看的是什麼。

當你使用了三、四個小時的電腦，你便會完全迷失其中。它就如同吃炸薯條。

你不應該整天吃薯條，你也不應該整天掛在電腦上。少許薯條，短短幾小時，對大多數人來說或許便已經非常足夠了。

你閱讀與書寫的內容可以幫助你療癒身心，因此你一定要審慎看待自己攝取的東西。當你寫一封充滿了解與慈悲的電子郵件或書信時，這段書寫期間便是在滋養自己。即使只是一張簡短的便箋，你所寫下的每一個字都能滋養自己與對方。

以正念攝食

我們如何分辨健康與有毒的溝通呢？正念的能量是健康溝通的必要成分。正念需要放下判斷，回到呼吸與身體的覺知上，將你全部的注意力放在自己與周遭的事物。這麼做有助於我們覺察自己產生的念頭是健康或不健康的，是慈悲或不寬厚的。

對話是滋養的來源。我們都會感到寂寞，渴望與人交談。但當你與別人交談時，對方的話語可能充滿各種毒素，例如憎恨、憤怒與挫折。當你聆聽對方說話時，無形間便攝取了那些毒素，你將毒素帶入自己的意識與身體。因此，正念說話與正念聆聽非常重要。

我們很難避免有毒的對話，尤其是在工作當中。如果遇到這種情況，應該保持覺察。你必須有充分的正念覺知，才能讓自己免於吸進這類苦惱。你要以慈悲的能量保護自己，這樣你在聆聽時才不會攝入毒素，而能積極地增長慈悲。當你以這種方式聆聽時，慈悲會保護你，對方的痛苦也會減輕。

你攝入自己所造的思想、話語與行為，同時也攝入周遭人們溝通的內容。這就是攝食。因此，當你在閱讀或聆聽別人說話時，請務必小心別讓毒素戕害自己的身心健康，為自己與他人或群體帶來痛苦。

佛陀舉了罹患皮膚病的牛這個影像為例，來說明這個事實。這隻牛飽受來自土壤、樹木與水源的各種昆蟲與微生物的侵擾。沒有皮膚，牠便無法保護自己。而正念就是我們的皮膚。若無正念，我們可能會攝入各種對身心有害的東西。

即便當你只是在市區裡開車，你都在攝食。各種廣告映入你的眼簾，你被迫攝入這些東西。你聽到各種聲音，就連你說的話，也可能是因為攝取過量毒素所造成的產物。我們必須以正念攝取來保護自己，正念溝通是其中一部分，我們可以藉此強化自己心中的安穩與慈悲，為別人帶來喜悅。

人際關係得靠正確食物來維繫

許多人因為溝通困難而感到痛苦。我們覺得自己遭到誤解，尤其是被自己所愛的人誤會。在人際關係中，我們是彼此的養分，因此我們要選擇能夠增進關係的食物給與對方。一切事物都需要食物才能延續，包括愛、憎恨與痛苦。如果痛苦持續下去，那是因為我們不斷餵養痛苦的緣故。每當我們說話時缺乏正念覺知，便是在餵養自己的痛苦。

藉由正念覺知，我們看到痛苦的本質，也找出我們一直以何種食物餵養它，讓它存活。而當我們找到痛苦的營養來源時，便能切斷營養供應，痛苦就會消失。

浪漫的關係剛開始通常都很美好，但之後，因為我們不懂得滋養愛，所以關係日益枯竭。溝通能讓它恢復生氣。你頭腦或心裡產生的每個想法——在中國則稱為「肚子裡」的念頭——會餵養那段關係。當你生起一個帶有懷疑、憤怒、恐懼與不安的想法時，那個想法既無法滋養你，也無法滋養別人。如果關係陷入困境，那是因為我們滋養了批評與憤怒，而未滋養自己的慈悲。

有一天，在梅村，也就是我在法國生活與修行的道場，我講解為何我們需要藉由練習愛的溝通，來滋養自己所愛之人。我談到我們的關係就像花朵，需要用愛與溝通來灌溉才能生長。有個坐在前排的女人全程不斷哭泣。

開示結束後，我去找她的丈夫，對他說：「親愛的朋友，你的花需要澆點水了。」她的丈夫也參與開示，因此他知道什麼是愛語，只不過有時候我們就是需要有個朋友來提醒自己。所以，午餐過後，這位先生便開車載妻子去郊外。他們只有約一個鐘頭的時間，但一路上他都專注於灌溉美善的種子。

當他們回來之後，她似乎完全轉變了，顯得非常幸福且喜悅。他們的子女感到很訝異，因為早上父母出門時，兩人看起來都心情不好且煩躁。因此，僅僅一個鐘頭，你便能轉變對方與自己，關鍵就在於澆灌美善種子的修習。這是將正念付諸行動，而非只是理論空談。

滋養與療癒的溝通，是人際關係的食物。有時一句苛刻的話語，可能會讓對方痛苦好幾年，而我們自己也同樣會難過數年。在憤怒與恐懼的狀態下，我們可能會脫口說出有毒且傷人的話來。如果我們吞下毒藥，它會伴隨我們很長的時間，慢慢戕害我們的關係。我們可能甚至不知道哪些言行是毒害這段關係的禍根。但幸好我們有解藥：正念慈悲與愛的溝通。愛、尊重與友誼，都需要食物才能維繫。藉由正念，我們製造的想法、話語與行動，會滋養我們的關係，幫助它們成長與茁壯。

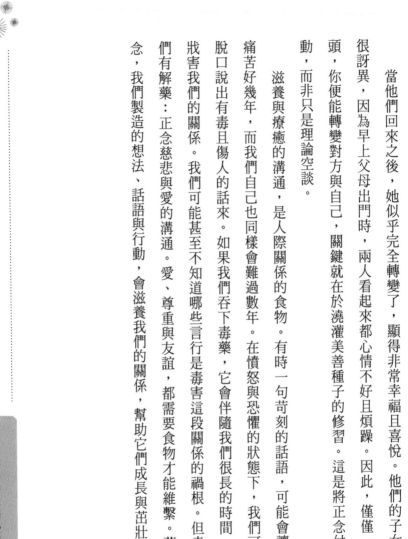

二

與自己溝通

Communicating with Yourself

知道如何處理痛苦，
你就知道如何製造快樂。

寂寞是我們這個時代的苦痛。即使身旁圍繞著其他人，我們還是會感到很孤單。我們是一起寂寞。我們內在有個空虛的洞，它讓我們感到不舒服，因此我們試著藉由和別人連結來填補它。我們以為只要這麼做，寂寞的感覺就會消失。

拜科技所賜，有許多裝置和設計可以幫助我們與他人保持連結。但即便是在連結的狀態下，我們依然覺得寂寞。我們查看電郵，發送簡訊，一天上傳更新好幾次。我們想要分享與接收各種訊息。我們可能整天都在與人連結，卻絲毫無法減輕內心寂寞的感覺。

我們都渴望愛，卻不知道如何培養愛，用它來滋養自己。當我們感到空虛時，就利用科技試著驅散寂寞的感覺，但這麼做起不了任何作用。我們擁有網路、電子郵件、視訊會議、手機簡訊與貼圖、行動裝置應用程式、書信及行動電話。我們什麼都有了。然而，我們一點也不確定溝通已經改善了。

大多數人都有行動電話。我們想要與他人保持連繫。但我們不應該對手機寄予太大厚望。我沒有手機，與外在世界卻毫無疏離之感。事實上，少了行動裝置，我反而有更多的時間留給自己與別人。你以為擁有手機有利於進行溝通，但如果你說話的內容並不真實，那麼透過行動裝置講話或發送簡訊，並不表示你在與他人溝通。

我們太相信溝通的科技，而忘了這些工具背後的「心」，才是溝通的根本工具。若我們的心封閉起來，任何裝置都無法彌補，我們將無力與自己或別人溝通。

向內連結

許多人花很多時間與別人會面或傳送郵件，卻很少與自己溝通，結果是我們不曉得自己的心裡發生了什麼事。我們的內心也許一團亂，在這種情況下，我們又如何與別人溝通呢？

我們以為有了科技裝置，便能與他人連結，但那只是一個假象。在日常生活中，我們與自己失去連結。我們走路，卻不知道自己在走路。我們在這裡，卻不知道自己就在這裡。我們活著，卻不知道自己活著。我們整天渾渾噩噩的。

停下來，與自己溝通，是一種革命性的行動。坐下來，找回迷失的自己，不再渾渾噩噩。從停下手邊的一切行動開始，坐下來，與自己連結。這就是所謂的正念覺知。正念是完全覺察當下。你不需要 iPhone 或電腦。你只要坐下來，吸氣與呼氣。只要幾秒鐘，你就可以與自己連結。你知道自己的身體、感受、情緒與感知正在發生什麼事。

數位化目的

當你覺得自己無法好好地與他人當面溝通，或擔心自己說的話別人難以接受，有時最好的溝通方式是寫信或電子郵件。假如你可以寫一封充滿了解與慈悲的信，在書寫期間，你便是在滋養自己。你所寫的每句話對於看信的人都是有益的，對你自己更是如此。對方尚未收到電子郵件或信件之前，你在打字時便已經開始滋養自己，因為你的信中所言充滿了同情與慈悲。

尤其在修習之初，以書寫的方式練習正念溝通，可能比較容易。這樣的書寫方式有益健康。我們可以傳送電子郵件，可以發簡訊；我們在講電話時，也可以使用正念溝通。只要我們的訊息充滿了解與慈悲，便能消除對方的恐懼與憤怒。因此，下一次當你拿起電話時，看著它，記得它的目的是幫助你以慈悲溝通。

我們通常都是匆匆忙忙地傳送電子郵件與簡訊，只要一寫完，就趕緊按下傳送鍵，發送出去。其實無須如此匆忙。在拿起電話或按下傳送鍵之前，我們至少都有一次吸氣與呼氣的時間。如果我們這麼做，就有更大的機會，能將更慈悲的溝通傳送到世界。

回家

當我們開始修習正念覺知，我們便踏上了回到自己的路。在家裡，寂寞消失了。在家裡，我們感到溫暖、舒適、安全與滿足。我們已經離家許久，我們的家已經被遺忘。

但返家之路並不遙遠。家就在我們心裡。只需坐下來，與自己在一起，如實地接受當下的情況，便能回家。沒錯，那裡可能一團亂，但我們接受它，因為我們知道自己已經離家許久。如今，我們終於到家了。隨著一呼一吸，隨著正念呼吸，我們開始清理家園。

用呼吸來溝通

返家之路，從你的呼吸開始。如果你知道如何呼吸，你便能學會如何走路、如何坐著、如何吃飯，以及如何在正念中工作，這樣你才能開始認識自己。吸氣時，返回自身；呼氣時，釋放一切壓力。當你能夠和自己溝通，你便能夠更清晰地對外溝通。向內走的路，就是向外走的路。

正念呼吸是溝通的方法，如同電話一般，它能夠增進身心之間的溝通，幫助我們認識自己當下的感覺。我們隨時都在呼吸，卻很少注意自己的呼吸，除非呼吸不順或受阻。

隨著正念呼吸，吸氣時我們知道自己正在吸氣，呼氣時我們知道自己正在呼氣。吸氣時，將注意力放在入息上。要提醒自己注意呼吸，我們可以默唸：

吸氣，我知道自己正在吸氣。
呼氣，我知道自己正在呼氣。

「空氣進入我的身體。空氣離開我的身體。」跟隨自己的吸氣和呼氣。假設你的吸氣維持了四秒鐘，那麼在這段期間，就把注意力完全放在吸氣上，沒有間斷。呼氣時，完全專注於自己的呼氣。你和你的呼吸同在，沒有任何其他事物。你就是你自己的吸氣和呼氣。

吸氣呼氣，是修習達致自在的方法。當我們專注於自己的呼吸時，我們放下了其他東西，不再擔心或害怕未來，不再對過去感到後悔或悲傷。專注於呼吸，覺察自己當下的感受。我們可以一整天都這麼做，享受二十四小時都活在當下呼吸的美妙感受。我們可以為自己而在，只需花幾秒鐘的時間吸氣，便能讓自己自由自在。

他人在修習正念呼吸時，我們可以看得出來。他們看起來很自在。如果我們被恐懼、憤怒、懊悔或焦慮壓得喘不過氣，那麼我們一定無法自在。無論我們的社會地位有多高，無論我們多有錢，唯有當我們能夠釋放苦痛，回到家，真正的自由自在才會到來。自由是世上最珍貴的事物，它是幸福快樂的基礎。隨著每一次有意識的呼吸，我們就能夠感到幸福。

不思考也不說話

當你與自己溝通時，快樂是可能的。前提是，你得放下你的電話。出席會議或重要場合時，你會關掉手機。為什麼呢？因為你想與別人溝通交流。與自己溝通時也一樣。帶著手機無法進行這樣的溝通。我們都習慣於想很多、說很多。要與自己溝通，我們必須練習不思考也不說話。

不思考是一個很重要的修習。當然，思考與說話也可以很有用處，尤其是當我們的心與感受清明之時。但我們的許多思考都落入沉湎過去，想要控制未來，製造誤解，以及擔心別人在想什麼。

誤解可能在電光石火的瞬間發生。一旦我們產生認知，便執著其中。因此，基於那認知所說的話或所做的事可能都有危險。最好不要說話，也不要輕舉妄動！所以禪宗說，說話和思想之道都要切斷。如果你不斷說話，就會不斷執著於自己的言詞，因此才要斬斷言語之道。

正念呼吸是不思考也不說話的修習。不思考不說話，排除了享受當下的障礙。呼吸是令人愉悅的，坐著、走路、吃早飯、洗澡、清理浴室以及在菜園工作，都是令人愉悅的。當我們停止說話與思考，正念聆聽自己，我們會察覺到感受喜悅的能力與機會提升了。

當我們停止說話與思考，並且開始聆聽自己時，我們會察覺到另一些東西，那是生活中的苦痛。我們的身體可能感到緊張或疼痛。我們可能有各種新的或舊的痛楚與恐懼，它們一直隱藏在說話、訊息與思考之下。

正念讓我們聽到內在的痛楚、悲傷與恐懼。當我們看到某個苦惱或痛楚出現時，我們不會嘗試逃跑。事實上，我們必須回去照顧它。我們不怕自己被擊倒，因為我們知道如何透過呼吸與走路，產生足以辨認並照顧苦痛的正念能量。如果你透過正念呼吸與正念步行，培養足夠的正念，便再也不會害怕面對自己。

我之所以不需要行動電話，是因為我隨身攜帶正念，它宛如我肩頭上的守護天使。當我修習時，守護天使一直陪著我，幫助我勇敢面對生起的一切苦惱與痛楚。攜帶正念遠比攜帶行動電話更重要。你以為隨身帶著手機才有安全感，但其實正念的好處遠勝過手機，它不只能保護你，還能幫助你減輕痛苦，促進溝通。

回到自己

不思不言的安靜，讓我們有了真正聆聽自己的空間。我們無須試著逃避自己的痛苦，也不必遮掩心中的難受。事實上，我們試著為自己而在，我們試著去了解，這樣我們才有可能轉變。

請務必回家，仔細聆聽。如果你不好好地與自己溝通，你一定無法好好地與別人溝通。一再回來，充滿愛心地與自己溝通，這就是修行。你一定得找回自己，聆聽當下你可能擁有的快樂；聆聽你的身體與心裡的痛苦，然後學習如何擁抱及放下它。

與身體溝通

只要我們保持正念，便能在日常活動間正念地呼吸。如果我們能停下來一陣子，安靜地坐上片刻，我們的正念會變得更有力，我們會得到更大的療癒，溝通也會更加成功。當曼德拉（Nelson Mandela）剛出獄前來法國訪問時，一位記者問他最想做什麼事。他說：「坐下來，什麼事也不做。」因為他甫獲釋，正式從政，所以完全沒有時間好好地享受坐下的片刻。我們應該撥時間享受坐下來，即使只有短短幾分鐘也好，因為坐著就是一種快樂。

每當我們心情焦躁，不知道做什麼才好時，就是坐下來的好時機。心情平靜時也一樣適合安坐，那有助於我們養成靜坐的習慣與修習。當我們靜下來坐著時，可以立即開始跟隨入息與出息。很快地，我們會樂在吸呼，一切漸入佳境，因為當下就在眼前。

以輕鬆愉悅的方式呼吸。當你坐下來修習正念呼吸時，你的身心最終會達到協調與整合。這是一種奇蹟，因為常常心在一處，身在別處。心被困在今日待完成的各種計畫細節中，不然就是陷入有關過去的悲傷或未來的焦慮裡。你的心總是離身體遠遠的。

當你正念呼吸時，身心快樂地重聚。這並不需要任何酷炫的科技。只要坐下來，正念地呼吸，把你的心帶回到你的身體。你的身體是你的家的一個重要部分。當你連續打電腦打了幾個鐘頭，可能會完全忘了自己還有個身體，直到它非常疼痛、僵硬又緊繃時，你才會重新想起來。在達到那個臨界點之前，你必須休息一下，重新回到自己的身體。

要更加覺察身心之間的連結，你可以對自己說：

吸氣，我覺知自己的身體。

呼氣，我釋放身體所有的壓力。

帶自己去走一走

正念步行是幫助身心結合的好方法，它也讓你有機會與能夠為你帶來滋養和療癒的大地溝通。當你充滿覺知地踏出一步，踩在路面與大地上，你的身心一體。你的身體是你的呼吸，是你的腳，也是你的肺。而當你連結身體、腳、呼吸與肺，你就到家了。

每一步都帶你回到此時此刻這個家，讓你能與你自己、你的身體以及你的感受連結在一起。這是真正的連結。你不需要有個裝置告訴你你有多少朋友、你已經走了多少步，或消耗了多少卡路里。

正念步行時，你整合了呼吸與每一個腳步，專注於腳與地面的接觸。你清楚覺知自己正在邁步，你完全停止思考。當你思考時，你會迷失在自己的思緒裡。你不知道自己的身體、感受與世界在發生什麼。如果你在走路時思考，那就不是真正在走路。

相反地，把注意力放在你的呼吸和腳步。覺知你的腳、腳的移動，以及你接觸的地面。當你專注於邁步時，你是自由的，因為此刻你的心念只在你的腳步上。你的心不再被拉到未來與過去。你走一步，你自由了。

在走路時，你可以對自己說，**我已到了，已到家了**。這些話不是口頭說說或一種自我認同的練習，而是一種覺知。你無須再跑了，許多人一輩子都在奔跑，現在我們終於可以好好地生活了。

家就在此時此地，所有的生命奇蹟都已經在這裡，你的身體這個奇蹟當然也在這裡。除非將整個身心投入當下，否則你無法完全到達此時此地。如果你沒有百分之百地到達，就停在你所在之處，別邁出下一步。停在那裡，吸氣呼氣，直到你確定自己已經百分之百到達了。然後你可以露出勝利的微笑。最好是在獨自享受正念步行時才這麼做；如果在人群裡，你可能會造成交通堵塞。

你不需要行動裝置或外人來告訴你，你是否已經到達了。當你明白你是愉快的活著，你就知道你已經到達了。當你從停車場走到辦公室，你的每一步都是走回家。每一步你都更新自己，與自己連結。無論去到哪裡，你都是行走在這個地球上的自由人，享受踏出的每一步。

腳踏實地治疏離

人們大都過著與大地及我們自己的身體疏離的生活。我們多數人嚴重地彼此孤立。人類可能陷入極度孤獨。我們不只脫離大地與彼此，甚至脫離了自己。每天忙忙碌碌，卻忘了自己的身體。但如果我們開始修習正念呼吸，聆聽自己的身體，就可以深入觀察，看見環繞四周的大地。我們接觸大地，不再與自己的身體或是與大地之身疏離。

一般人將大地視為我們的「環境」，但更深入觀察，我們發現大地是美妙的生命體。當我們感覺孤單時，常會忘了自己可以直接與大地連結。當我們用正念去觀自己的腳步時，腳步可以帶我們回去接觸自己的身體，接觸大地之身。我們的腳步，可以將我們從疏離中解救出來。

與我們的痛苦連結

當我們開始修習正念呼吸，聆聽我們的身體，我們會覺知到過去一直被忽略的各種痛苦感受。我們將這些感受藏在身體和心裡。我們的痛苦一直想要與我們溝通，讓我們知道它的存在，我們卻花了許多時間與精力去忽略它。

當我們開始修習正念呼吸，寂寞、悲傷、恐懼與焦慮的感受可能會浮現上來。這樣的情況發生時，無須立即反應，就只是持續跟隨自己的一吸一呼。我們不用叫恐懼離去；我們只要覺察它。我們不用叫憤怒離去；我們只要覺察它。這些感受就像扯著我們衣袖的小孩。把它們舉起來，溫柔地抱住它們。承認自己的感受而不加以評斷或排斥，以正念擁抱它們，是一種回家的行動。

祖先們的痛苦

我們明白我們內在的痛苦包含了父親、母親與祖先們的痛苦。我們的祖先可能沒有機會接觸到正念修行，轉化他們的痛苦，所以他們才會將沒有解決的痛苦傳遞給我們。如果我們能了解那痛苦，進一步轉化它，我們就能同時療癒父母、祖先與我們自己。

我們的痛苦反映了世間的痛苦。歧視、剝削、貧窮與恐懼造成周遭人們的許多痛苦。我們的痛苦也反映了他人的痛苦。我們都有惻隱之心，想要做點什麼去減緩世間的痛苦。但如果不了解痛苦的本質，我們如何能減緩它呢？如果我們了解自己的痛苦，就比較能夠了解他人與世界的痛苦。我們可能想做些什麼或成為怎樣的人，好讓世間少點痛苦，但除非我們能聆聽和覺察自己的痛苦，否則我們無法真正幫得上忙。

耐心傾聽

我們內在與周遭的痛苦，多到可能會將我們淹沒。我們通常不喜歡去碰觸它，因為我們認為它是令人不愉快的。市場裡有琳琅滿目的商品，可以幫助我們逃離自己。為了忽視及掩蓋自己內在的痛苦，於是我們大肆消費。即使不餓，我們還是不停地吃。我們看著電視，即使節目不好看，我們還是沒有勇氣關掉它，因為一旦關掉它，我們就得回去面對自己，接觸內在的痛苦。我們不是因為需要而消費，而是因為我們害怕面對自己內在的痛苦。

然而，有個辦法可以碰觸痛苦而不被它給淹沒。我們想要逃避痛苦，但它其實是有用的。我們**需要**痛苦。回頭聆聽，了解自己的痛苦，讓我們生起慈悲與愛。如果我們願意花時間深刻聆聽自己的痛苦，就可以了解它。任何得不到釋放與調解的痛苦，會一直延續下去。除非痛苦得到了解與轉化，否則我們會持續背負自己乃至父母與祖先們的苦。接觸先人傳下來的痛苦，有助於我們了解自己的苦。了解痛苦後，自然會生起慈悲心。一旦心中有愛，痛苦便會減輕。如果我們了解痛苦的本質與根源，滅苦之道就會出現在我們眼前。一旦我們知道有出路，有一條滅苦之道，我們就會感到安慰，再也無須害怕。

痛苦會帶來快樂

了解痛苦，總會帶來慈悲。如果我們不了解痛苦，就無法了解快樂。如果我們知道如何好好照顧痛苦，就會知道如何好好照顧快樂。我們需要痛苦來培養快樂。事實是，痛苦與快樂總是結伴而來。當我們了解痛苦時，就會了解快樂。如果我們知道如何處理痛苦，就會知道如何處理快樂和製造快樂。

蓮花必須根植於淤泥才能生長。慈悲則是從了解痛苦而來。我們都應該學習擁抱自己的痛苦，耐心地聆聽它，深入觀察它的本質。這麼做，愛與慈悲的能量油然而生。當慈悲的能量生起時，痛苦立即會減輕。當我們的痛苦減少了，當我們對自己懷抱慈悲，我們會更能夠了解別人與世間的痛苦。此時，我們與他人的溝通將會是立基於渴望了解，而非亟欲證明自己是對的，或是讓自己感覺比較好。我們的目的，只是想要幫助別人。

了解自己的痛苦幫助我們了解別人

我認識一個來自華盛頓特區的女人，她曾經因為看不到痛苦的出路而想要自殺。她覺得毫無希望，她與丈夫及三個小孩的關係非常不好。她有個朋友想要她聽聽我的一場有關諦聽與愛語的開示，她拒絕了，因為她是個天主教徒，她認為聆聽佛法意味著背叛自己的信仰。

到了她計畫自殺的那晚，她打電話跟朋友道別。她的朋友對她說：「在妳自殺之前，來向我道別吧，坐計程車來。」她去了，到達之後，朋友告訴她，就當作是幫個忙，請她在自殺之前先聽聽錄音帶。於是她很不情願地說：「好吧，臨死之前我就滿足你的心願。」

聽完錄音帶後，她滿心好奇，決定參加正念禪修營。在禪修營裡，她開始真正聆聽自己的痛苦。在此之前，她一直以為終結痛苦的唯一方式就是自殺。聆聽實在太痛苦了。但她學會如何安住在呼吸，所以能夠面對痛苦。她發現自己過去創造了許多錯誤的認知，因而滋長了許多憤怒。她一直認為是丈夫與家人造成她所有的痛苦，但如今她明白自己也要為這些痛苦負責。她一直以為她的丈夫並不痛苦，而是讓她痛苦而已。但如今她有不同的了解，她開始能夠看見丈夫的痛苦。這是很不簡單的成就，當你看見自己內心的痛苦時，便能看見別人心裡的痛苦，並且能夠看見在造成雙方痛苦的過程中，自己的角色與責任。

禪修結束回家那夜，她走到丈夫身旁坐下。這是前所未有的事，她靠近他身旁，坐下來。她坐了許久，之後才開始說話。她說：「過去這麼多年來，我知道你受了很多苦，我沒能幫助你，還讓情況更加惡化。我無意讓你難過，一切都是因為我不了解你的緣故。我沒有看見你心中的痛苦。告訴我你的難處，請幫助我了解你。」她說出這樣的愛語。她的丈夫如嬰兒般哭了起來，因為多年來她都不曾以愛的方式對他說話。他們的關係起初非常美好，後來卻逐漸充滿怨恨與爭執，缺乏真正的溝通。

那天晚上開啟了他們的和解之路。兩週之後，這對夫妻帶著他們的小孩來告訴我這個故事。

愛自己是慈悲的基礎

我們都以為自己已經認識且了解身邊所愛的人，但可能並非如此。如果我們不了解自己的痛苦與感受，又怎麼可能了解別人的痛苦呢？我們不該輕率認定自己了解對方的一切。我們必須自問：「我夠了解自己嗎？我了解自己的痛苦和痛苦的根源嗎？」

一旦你對自己的痛苦有些了解與洞察，便更能夠了解他人，與他人溝通。如果你無法接受自己，如果你憎恨自己，對自己生氣，你如何能夠愛另一個人，將愛傳達給他呢？

了解自己是了解別人的關鍵；唯有自愛才能愛人。當你了解自己的痛苦時，你的痛苦便會減輕，而你也更容易了解別人的痛苦。當你能夠覺察對方內心的痛苦，了解痛苦從何而來，慈悲油然而生。你再也不會想要懲罰或責怪對方。你可以耐心地聆聽；當你說話時，言談中充滿慈悲與了解。和你說話的人也會覺得舒服許多，因為你的聲音裡充滿了解與愛。

回到自己，了解自己的痛苦及痛苦的根源，這是第一步。一旦我們了解自己的痛苦及痛苦從何而來，雙方溝通的立場便會逐漸改變，我們與對方的痛苦都會減輕。我們的關係，取決於彼此了解自身難處、自身渴望以及了解對方的能力。

當你可以真正返回自己和聆聽自己，你便可以從生命賦予你的每一刻裡獲益。你可以享受每一刻。藉由正念呼吸帶動良好的內在溝通，你開始了解自己、了解自己的痛苦，以及了解自己的幸福快樂。知道如何處理痛苦，你就知道如何製造快樂。而如果你真的感到快樂，眾人都能從你的快樂中獲益。在這世上，我們需要快樂的人。

三

與他人溝通的關鍵

The Keys to Communicating with Others

慈悲與愛皆從了解而生。
除非你了解，否則如何能夠愛呢？

當你與自己連結時，你便開始與別人產生更深的連結。少了這第一步，就不可能有第二步。別忘了每天保留一些獨處的時間，與自己溝通。

我們所有人都有錯誤的認知與苦痛。當我們與別人溝通時，我們應該覺知我們尚未療癒的苦痛，以及我們的認知。如果能夠覺知自己的呼吸，我們就會記得慈悲溝通的唯一目標，是幫助他人減輕痛苦。如果我們記得這個目標，我們就已經成功了。我們貢獻了更多的喜悅，更少的痛苦。

打招呼

每次要開始與別人溝通時，記住人人心裡都有一尊佛，這麼做很有幫助。「佛」只是一個名字，用來稱呼最能夠了解、最慈悲的人。如果你想的話，也可以稱作其他名字，例如智慧或上帝。我們呼吸、微笑和行走的方式，要能讓我們心中這個人有機會顯現。

在我所居住的梅村，每次你在路上遇到別人時，你會恭敬地合掌禮敬，因為你知道對方心中有一尊佛。即使那個人外表與行為不像佛，但他心中都有愛與慈悲的能力。如果你知道如何帶著敬意與清新禮敬，便能幫助他心中的佛走出來。如此的合掌禮敬，不只是儀式，更是覺醒的修習。

當你舉手合掌時，正念吸氣與呼氣。你的雙手合成一朵花，一個蓮花苞。如果你真心誠意這麼做，就能夠看見對方潛藏的力量。呼吸時，你可以靜靜地對自己說：

蓮花贈與你，
未來的佛陀。

合掌時，應該保持專注，以免動作流於形式。你的手掌合成的蓮花，是要送贈給面前的人。當你禮敬時，你看見對方內心的美。

在許多亞洲國家，我們見面時不像西方人一樣握手，而是合掌禮敬。大約在一百六十年前，法國人來到越南，他們教導我們如何握手。起初我們認為像那樣握手很可笑，但很快我們就學會了。現在每個人都知道如何握手，但我們還是喜歡合掌禮敬，尤其是在寺廟裡。在平日生活或工作場合中，要你對所見到的每個人都合掌，可能不太適當，但你還是可以看著他們的眼睛。當你微笑、打招呼或握手時，還是可以在心裡獻上一朵蓮花，提醒自己雙方內在都有佛性。

慈悲溝通的兩個關鍵

溝通的目的，是為了相互了解。如果我們說話，卻沒人聆聽（也許甚至連自己都沒在聽），那就不是有效的溝通。有效與真正的溝通有兩個關鍵，首先是諦聽，其次是愛語。諦聽與愛語，是我所知與人建立溝通、修復溝通，及止息痛苦的最佳工具。

我們都希望被了解。當我們與別人互動，尤其在尚未修習正念覺知自己的痛苦及好好聆聽自己時，我們會急著要別人立刻了解我們。我們希望從表達自己開始，但如此說話往往沒用。我們必須從諦聽開始。修習正念覺知痛苦，覺察和擁抱自己與對方的痛苦，將會產生良好溝通所需要的了解。

當我們抱著幫助對方減輕痛苦的目的去聆聽時，這就是諦聽。當我們以慈悲心聆聽時，便不會陷入批判。也許難免還是會有批判，但我們不會執著它。諦聽具有幫助我們創造喜悅時刻、創造幸福時光的力量，並且能幫助我們處理痛苦的情緒。

當下就只是聆聽

諦聽是美妙的修習。如果你能慈悲聆聽三十分鐘，便能夠幫助對方減輕許多痛苦。如果你沒有修習正念慈悲，就無法聆聽很久。正念慈悲意味著，你在聆聽時只有一個目的——幫助對方減輕痛苦。你的目的也許很真誠，但如果你沒有先聆聽自己，也沒有修習慈悲的正念，你可能很快就會失去聆聽的能力。

對方可能會說出充滿錯誤認知、怨懟、指控與責怪的話語。如果我們沒有修習正念，他們的話語就會激起我們的惱火、批判與憤怒，使我們失去慈悲聆聽的能力。當惱火或憤怒生起時，我們喪失了聆聽的能力。所以我們需要修習正念，在整個聆聽的過程中，能常保慈悲心。如果我們可以一直心懷慈悲，那麼憤怒與批判的種子就無法獲得澆灌，也冒不出頭來。我們一定要先訓練自己，才能夠聆聽對方。

如果你在某個時刻尚未作好聆聽的準備，也沒問題。如果聆聽的品質不夠好，最好先暫停，改天再繼續，別把自己逼得太緊。先修習正念呼吸與正念步行，直到你準備好聆聽對方說話為止。你可以說：「我希望在狀況最好的時候聽你說話。我們可以明天再繼續嗎？」

然後，當我們準備好諦聽了，便可以靜靜聆聽，不加以打斷。如果我們試著要打斷或糾正對方，會讓這場談話變成辯論，一切就都毀了。唯有當我們耐心傾聽，讓對方充分表達心中所有的想法後，才有機會提供他一些修正錯誤認知所需的資訊——但絕非現在。現在我們只要聆聽就好，即使那個人所說的內容有誤也沒關係。這便是正念慈悲的修習，讓我們保持耐心聆聽。

你必須花時間看到且了解對方內心的痛苦。你必須先作好準備。諦聽只有一個目的：幫助他人減輕痛苦。即使那個人說的不對、言詞苛刻或多所責怪，你還是盡可能抱持悲憫心持續聆聽。你可以用下面的話語來提醒自己：

我聆聽他說話只有一個目的：讓他有機會減輕痛苦。

把這個諦聽的唯一目的牢記在你的心與腦海裡。只要保有慈悲的能量，你就是安全的。即使對方的言談之中充滿錯誤認知、怨懟、憤怒、責怪與指控，你都會安然無恙。

記得，對方的話語可能奠基於偏見與誤解，之後你或許會有機會提供一些資訊讓他可以修正看法，但絕非現在。現在只要聆聽就好。如果你可以保持正念慈悲，大概三十分鐘，你就充滿慈悲的能量，你就是安全的。只要存有慈悲，你就能沒有分別心地聆聽。

你知道對方在受苦。當我們不知道如何處理自己內心的痛苦時，我們會持續受苦，也會讓周遭的人跟著受苦。當人們不知道如何處理他們的痛苦時，他們就會成為痛苦的受害者。如果你吸收了他們的批判、恐懼與憤怒，你會成為痛苦的第二個受害者。但如果你能耐心傾聽，了解他們現在所說的話是出自於痛苦，你就能受到你的慈悲保護。

你只想幫助他們減輕痛苦，你再也不會責怪或批判他們。

愛從了解而生

諦聽，慈悲地聆聽，你會開始更完整地了解對方，愛也會獲得滋養。愛的基礎是了解，意即首先要了解痛苦。每個人都渴望被了解。如果你真的想愛某個人並且讓他獲得快樂，你就必須了解對方的痛苦。有了了解之後，你的愛才會深刻且成為真正的愛。聆聽痛苦是產生了解與愛的必要元素。

我將快樂定義為了解與愛的能力，因為沒有了解與愛，就不可能有快樂。我們都沒有足夠的了解與愛，所以才會受這麼多苦。愛與了解，是我們渴望得到的東西。

慈悲與愛皆從了解而生。除非你了解，否則如何能夠愛呢？如果做父親的不了解兒子的痛苦與困難，他如何愛兒子呢？如果一個人對他所愛之人的痛苦與困難一無所知，他要怎麼讓那個人快樂呢？

我夠了解你嗎？

如果你想讓某個人快樂，就應該問自己這個問題：「我夠了解他嗎？」「我夠了解她嗎？」許多人不太願意開口說話，因為他們害怕自己所說的話會被誤解。有些人非常痛苦，他們無法把心中的苦告訴我們，因此我們一直以為一切都沒問題——等到發現已經太遲了。

等待會產生嚴重的後果。人們可能會孤立自己，他們可能會突然結束一段友誼或一段關係，甚至還可能會自殺。某件事已經困擾那個人很久，但他假裝一切都很好。也許是恐懼或驕傲在作祟。以正念與專注去聆聽與觀察，我們會發現那個人心中有一大堆痛苦。我們看見他非常難受，不知道如何處理內心的痛苦。因此他持續受苦，也讓別人跟著受苦。一旦你了解這一點，剎時你的憤怒便煙消雲散了，慈悲心生起。你明白他很痛苦，他需要幫助，而非懲罰。

如果有需要，你可以開口請求協助。你可以說：「親愛的，我想要更了解你。我想要了解你的困難與痛苦。我想要聽你說話，因為我很想愛你。」當我們用心深入觀察，我們會第一次發現對方內心巨大的痛苦。有人可能會假裝自己不痛苦，但那並非事實。當你能夠慈悲聆聽時，對方才有機會說出自己的難處。

在任何關係中，你都會想要檢視自己是否了解對方。如果那是一段和諧的關係，有良好的溝通，那當中就有快樂。如果有溝通與和諧，就意味著有互相的了解。別等到對方已經離開，或者已經充滿怒氣，才問這個重要的問題：「你認為我夠了解你嗎？」對方會告訴你，你是否不夠了解。他會知道你是否能夠慈悲聆聽。你可以說：「請告訴我，請幫助我。因為我知道，如果我不了解你，就會犯下許多錯誤。」這是一種愛的語言。

「你認為我夠了解你嗎？」這個問題不只適用於浪漫的關係，也適用於朋友、親人以及任何你關心的人。它甚至對工作場合也有幫助。如果你和家人、親密伴侶或朋友同住，你可能會以為每天見面，所以你對他很了解。其實不然。你對那個人所知有限。你可能與某個人同住五年、十年、甚或二十年，但是你不曾深入觀察了解他。你對自己可能也是如此。你和自己一起生活了一輩子。我們以為我們了解自己是誰，但除非我們抱著慈悲、好奇與不帶批判的心諦聽自己，不然我們可能也不是完全了解自己。

別等到家人已經不在了，才想要他們分享更多關於他們的事，那就太遲了。最好從小做起，無論多大年紀的小孩，都可以與父母一同坐下，分享他們的經驗、痛苦與快樂。只要坐著聆聽就好。藉由正念呼吸與聆聽自己，我們聆聽與觀察的能力會擴大，我們有機會與父母及所愛的人建立更好的溝通與連結。

當你看見對方心中的痛苦時，悲憫之心油然而生。你會想要做一些事來幫助那個人減輕痛苦，你的慈悲聆聽與愛語將可以改變情況。接下來，你可以陪那個人坐下來，一起找出有助於困境的具體辦法。當某個人在受苦時，慈悲聆聽不是我們唯一能做的事，但它總是第一步。

愛語

當你必須告訴別人壞消息時，實話實說可能會很困難。如果你說話時沒有正念，那麼對方在聽完你的「真相」後，可能會非常生氣或焦慮不安。我們可以訓練自己，用一種別人最終能夠接受的方式說出真相。

當你說話時，你試著告訴別人有關你的痛苦，以及有關他們的痛苦的真相，這就是愛語。你的話語要能幫助別人，覺知他們自己心中的痛苦，以及你心中的痛苦。我們必須善巧為之。說話者必須保持正念，遣詞用字要能幫助聆聽者免於執著錯誤的認知。聆聽者也必須小心，不要執取對方的語言或觀念。說話者與聆聽者，雙方都必須保持正念，善巧應對。

由於你已經修習了慈悲聆聽，所以你知道自己的話語可以帶有洞見與了解。有了更多的了解，你可以真正幫助對方減輕痛苦，你的溝通也會更有效率。你的話語溫柔，因為你願意幫助對方。我們溝通的方式，已經讓對方感覺好多了。

我們所說的話是一種滋養。我們可以使用會滋養自己及滋養別人的話語。你所說的話，所寫的字，應該傳達悲憫與了解。你的話語可以激發別人生起信心並打開心扉。布施和愛語的修行可以美妙地結合在一起。你無須花任何金錢，便能修習布施。佛教裡表達愛語的另一個詞彙是「正語」。在我們的日常生活中，正語滋養我們及滋養周遭的人。

不正語

我們稱愛語為正語，因為我們知道不正語會帶來痛苦。藉由刻薄、不實或暴力的字眼，我們的話語可能會造成許多痛苦。不正語是一種缺乏真誠的話語，沒有了解、同情與和解作為它的基礎。

當我們寫字條或書信，或者講電話時，所寫或所說的內容，都應該是可以傳達洞見、了解與慈悲的正語。當我們修習正語時，身心會感覺很美好，聽我們說話的人也會覺得很好。我們可以一天數次使用正語，說慈悲、容忍與寬恕的話語。它無須任何費用，而且非常療癒人心。

正語的四個要素

關愛且誠實的話語，會帶給人們許多喜悅與平安。愛語需要練習，因為我們並不習慣這麼做。當我們聽了如此多渴望、危險與憤怒的話語，我們會習慣以那種方式說話。誠實且關愛的話語，須要經過訓練才能學會。

佛教裡有所謂「菩薩十善」的修行，其中有四項與正語有關。菩薩發願要止息一切眾生苦難，又稱「覺有情」，即覺悟的有情。

覺悟，總是指對某件事情的覺悟。如果你開始了解自己痛苦的本質與根源，那就是一種覺悟，它會立即幫助你減輕痛苦。我們當中有些人對自己非常吹毛求疵，那是因為我們還不了解自己的痛苦。當我們成為自己的菩薩時，就再也不會責怪自己或責怪別人了。

菩薩是會說溫柔且關愛的話語者，也是會以慈悲心聆聽者。只要精進修行，任何人都能成為菩薩。要想成為菩薩，不一定要修行十年。只要每天花一些時間，即使只有五到十分鐘也好，坐下來，修習正念呼吸，聆聽自己。

以下是菩薩十善業中有關正語的四項指引：

一、不說虛妄語。要說實話，不可說謊或顛倒是非。

二、不誇大其詞。

三、不挑撥離間。說話要前後一致，不可因為自私或權謀而對一個人說一種話，再對另一個人說相反的話。

四、使用平和的語言。不口出惡言，不說侮辱、殘忍、謾罵或譴責的話。

不說虛妄語

正語的第一個要素是說實話。我們不說謊話。我們不說不實之事。如果我們認為事實太過令人震驚，我們試著以善巧與愛的方式來說實話。但我們一定要尊重事實。有些人會辱罵對方，造成他們痛苦，然後才說：「我只是說出事實。」但他們是以暴力與攻擊的方式來陳述「事實」。有時候，它甚至可能會造成別人很大的痛苦。

當你說實話時，有時結果會是你所不樂見的。你必須深入觀察對方的心，看清楚該如何說實話才不會嚇到對方，好讓他們聽得下去。你試著以關愛與保護的方式說實話。切記，你所認為的事實，可能是你自己不完整或錯誤的認知。你認為那是事實，但你的認知可能是片面的，它可能受到某件事情的障蔽。

說謊很危險，因為有一天對方可能會發現真相。可能會有一場大災難。因此，如果我們不想說謊，不想造成傷害，就必須小心自己的言詞，以善巧的方式來說實話。說實話可以有許多種方式，那是一種藝術。

事實是長期關係的堅實基礎。如果不把關係奠基於事實上，它早晚會崩潰。我們必須找到最好的方式來說實話，這樣對方才能確實地接受它。有時候就連最善巧的言詞也可能令人感到痛苦。那沒問題。痛苦可以療癒。如果你是懷著慈悲與了解說話，痛苦會更快療癒。

痛苦可能是有益的。良藥苦口，但我們不希望對方無謂地受苦。我們可以減輕震驚與痛苦，盡量以對方聽了不會太痛苦的方式說出事實。重點是要讓他們覺得安全。他們可能無法「了解」，或者要經過一段時間才能「了解」，也可能他們會持續和我們有不同的認知。

有時候你可以從說另一個故事開始，先聊聊其他情況類似的故事，以便讓對方慢慢進入狀況。聆聽別人的故事比較容易，你可以說：「你認為如何？讓對方聽到事實好嗎？」通常人們會說：「是的，聽到事實才好。」有時與你對談的人會自行達到結論，也會從別人的事例中認識到事實真相。要以別人能夠接受的方式說實話，必須經過許多練習。

不誇大其詞

正語的第二個部分是不可捏造與誇大。你原本是要說一件小事，卻誇大它，把它渲染得很嚴重。例如，某人犯了一個錯誤，但你誇大其詞，好像它嚴重數倍似的。有時候我們對自己說話時，會把事情弄得很悲慘似的，以便替自己的憤怒辯護，甚至是餵養憤怒。你想說的話裡可能有些是真實的，但你誇大了別人所做的事，因而造成一種錯誤的印象。這麼做也許看似無害，卻會讓你偏離事實，並且破壞了關係中彼此的信任。

不挑撥離間

第三種不正語在越南語與華語中稱為「兩舌」，意即你對一個人說某件事，但當你對另一個人談論同一件事時，卻為了私利而改變說法。你明明是在說同一件事，說詞卻相互矛盾。這會造成不和，並且可能會讓一個人或一個團體，誤會另一個人或另一個團體，而那根本是毫無根據的。這麼做可能會給雙方帶來許多痛苦，甚至會害他們變成敵人。正語的言詞必須信實可靠，不可為了私利或美化自己而更改內容。

使用平和的語言

正語的第四個面向是不說暴力、譴責、謾罵、侮辱、指控或批判的話語。

說實話的四個準則

在佛陀的時代，人們會執取自己心裡對事物的詮釋，而錯誤解讀老師的原意。佛陀與其弟子們，歸納出四個準則，這四個準則是任何教導都要有的。到了今日，在評估我們與別人是否使用正語和有效地說實話時，這四個準則依然很有幫助。它們分別是：

一、我們必須說世間的語言。

二、我們應該因材施教，考量聽眾的思考方式與接受教法的能力，而給予不同的教導。

三、我們根據聽眾、時間與地點，給予適當的教法，如同醫師應病與藥。

四、我們教導的方式應該彰顯勝義諦。

第一準則：說世間的語言

第一準則是了解世間知見，即世間看待事情的方式。有時候我們必須和世人使用同一種語言說話，並用同樣的方式看事情。如果你不使用世間的語言，大多數人將無法了解你要表達的意思，你只能和想法本來就與你相近的人溝通。這並不表示你必須學習越南語或阿拉伯語，而是你必須使用人們能夠了解，奠基於他們日常生活經驗之上的詞彙。

例如，我們都習慣說天空「在上」，而土地「在下」。當我們坐在這裡時，我們說在我們上面的是「上」，在我們下面的是「下」。但對那些坐在地球另一端的人來說，我們的下面是他們的上面，而我們的上面則是他們的下面。在地球這個角落的上與下，並非地球其他部分的上與下。因此「上與下」雖是事實，但它是相對的事實。我們可以把它當作共通語言的一部分來使用，以便彼此溝通，而不需要在每次說話時都先來一場「上」與「下」的冗長議論。

第二準則：因材施教

第二準則是我們應該因材施教。這並不違背正語當中「不兩舌」（即不挑撥離間）的要素。在覺察聽者的觀點與理解力的同時，我們必須保持內容的可信度，這樣別人才有機會聽進我們說的話。因材施教，視對象的不同而改變說話方式。你必須深入觀察那個人，以明白他的理解方式，然後據此調整說話的方式，這樣別人才能了解你所說的話。如果某個人的理解力很強，你就可以用比較深入的方式來說話。

有一天，某個人問佛陀說：「你認為那個人去世以後會升上哪一層天？」佛陀回答他可能會升上某一層天。之後，另一個人又來問佛陀：「那個人死後會去哪裡？」佛陀回答：「他哪裡也不會去。」於是站在附近的某個人便問佛陀，為什麼他給兩人不同的答案。佛陀回答，這取決於問話者。他說：「我必須根據聽者的心智與接受教法的能力而說話。」

有個故事說到，某個人在早晨給了一個女人一鍋牛奶。到了那天晚上，他去取回。經過一天，牛奶已經變成奶油和乳酪。這個人說：「我明明給妳牛奶，妳卻還我奶油與乳酪。」那麼，牛奶與奶油到底是相同或不同的呢？它既非相同，也非不同。

對於那些理解力較強的人，你必須給予較深入的答案，表達出沒有任何事物是恆常的，一切事物皆不斷在變化。因此，你給予的教導與說話方式取決於聽者的智慧深淺，以及那個人對你所說的內容的理解能力。你根據聽者的背景與能力而說話。

第三準則：應病與藥

第三準則是應病與藥。如果你給人開錯藥方，那個人可能會死亡。因此你給每個人一份特定的藥。當你有執著、渴愛或絕望等煩惱時，記住你就是自己的老師。你可以聆聽這些強烈情緒在說些什麼，再將你需要的處方回饋給自己。

別以為聽到或讀到對自己有啟發性的言論之後，只要一字不漏地背誦即可。你應該思考如何讓你所聽到的這些事實，變成你自己的東西。同樣地，你也必須知道聽你說話者的心智與背景。如果你將自己聽到的教法，一字不漏地傳給另一個人，那對他來說可能並非適當的教法。你必須調整自己的說法，以適應那個人的背景。但你所說的內容，不可偏離真實的教法。因此雖然使用世間的語言，但並非任何世間的語言都可以胡亂使用。你的語言必須契合當時的情況，同時又不偏離事實。

想想我們如何對小孩談論世上有關死亡或暴力的事。我們是否會用有別於對待成人的方式，來對他們說實話呢？有一次我去參觀一座博物館，進入一個展示木乃伊的房間。有個小女孩在那裡看著那個死人。我們一起站在那裡，看了一陣子之後，她帶著恐懼的眼神問我這樣的問題：「有一天我是否會死翹翹地躺在一張桌子上呢？」我先回到呼吸，然後給了她唯一適合那個情況的答案：「不會。」我希望有一天有睿智的父母或朋友，能告訴她萬事萬物皆是無常的道理，包括我們的身體；也告訴她佛陀甚深的教法，沒有任何事物會完全斷滅，沒有任何東西會從存在變成不存在。但這些話並不適合在此時此地告訴她，因此我給了她在那個情況下可用的最佳解答，即「不會」。

即使和成人說話，我們也可以考量他們對特定主題的心理耐受度，而改變說法。我們希望能以一種人們即使眼前未能，但稍後可以整合和使用的方式，與他們分享訊息。這不是說謊，而是以善巧的方式說實話。有個耆那教徒問佛陀，人有自我嗎？佛陀本來可以回答他並無自我，但佛陀保持沉默。接著這個耆那教徒又問：「難道我們沒有自我嗎？」佛陀依舊保持沉默。後來阿難問佛陀：「你為何不說沒有自我呢？」佛陀說：「我知道他執著自己的見解。如果我說沒有自我，那他可能會不知所措而非常痛苦。因此，雖然根據我們的教法，『無我』才是正確的，但我寧可保持沉默。」

第四準則：彰顯勝義諦

第四準則是勝義諦，即諸法最微妙的義理，它可能見諸於「無獨立自我」或「沒有生與死這回事」之類的句子中。勝義諦是正確的，是最能貼切描述究竟實相的法。但如果沒有善知識用人們能接受的方式，善巧地解說其中的深義，它可能會令人茫然不解。因此每當我們需要說明我們明知別人難以了解的事情時，務必保持謙卑，更深入地觀察，以找出能夠說明這些事的方法。

有些勝義諦，例如不生不滅，很難透過日常生活經驗與平日的思考方式來理解。但如果有人能用某個簡單的事物來為我們說明，我們便很容易理解。以雲為例，雲既沒有「出生」也沒有「死亡」，它只是變換形式。我們可能認為這些勝義諦很抽象，但如果我們能深入觀察，或者有老師與同伴的指點，它們其實在大自然中是隨處可見的。

當你讀到或聽到某件事時，如果能善用這四個準則，就不會感到迷惑。它們也有助於你在日常生活中好好聆聽別人說話，有效地表達自己的意見。無論是在朋友間的對話，或在團體中說話與聆聽，或在閱讀文字，無論它們屬於世俗的或宗教的範疇，你都能妥善應對。對於在特定情況下什麼才是事實，以及如何做出最好的回應，你將會有深入的了解。

這個修行不只關乎我們說話的方式，也和聆聽的方式有關。因此焦點不只放在腦袋與舌頭發生的事情，也必須注意耳朵。當我們更深入地聆聽，看得更清楚時，慈悲油然而生，我們自然會使用可以表達誠意與關心的正念話語。我們不會殘忍地說話，而是開始懷抱著慈悲聆聽。

當我們能夠以慈悲聆聽對方的痛苦時，自己也會受益。慈悲會令我們感到快樂與安穩。當我們慈悲聆聽時，便能夠了解在充滿憤怒時無法了解的事物。

諦聽是一種深觀。你不是用眼睛觀，而是用耳朵。當你用眼睛觀察時，你可以看見痛苦；當你用耳朵觀察時，你卻可以聽到那個人言詞的震動。在中文，菩薩

Avalokiteshvara 稱為「觀世音」（越文 Quan The Am），即深入觀照世間的聲音。觀世音聆聽世間一切的聲音，世間所有的痛苦。當你如此聆聽時，慈悲之心油然而生，內心會得到安穩。請以大悲心聆聽。即使當你因為噩耗而難過時，你的慈悲心都會緩解激動不安的情緒，令你更安心。

幫助別人了解

我最近一次到印度旅行時，受邀擔任印度最大日報《印度時報》（*Times of India*）的客座編輯。那是在二〇〇八年十月甘地紀念節的期間。有一天我和正職編輯們開會時，有一條發生在孟買的恐怖攻擊的新聞傳進來，地點位於巴基斯坦的邊界附近，有許多人遭到殺害。

編輯們問我：「如果你是我們這個時代的記者，面對這麼多的壞消息與這麼少的好消息，你會怎麼報導呢？我們應該如何當個稱職的報人呢？」這是一個困難的問題。報導者必須報導新聞。但如果記者在寫稿時只著眼於震驚、恐懼或暴行，他們的報導方式會滋長讀者的恐懼與憤怒，可能還會因此創造出更多的暴力。那麼，當我們收到這種新聞時，應該怎麼做才好呢？

我並未立即回答。我回到自己的呼吸，保持沉默一會兒，此時他們也同樣緘默不語。然後我說：「你們必須說實話，但你們報導的方式不可滋長人們心中的恐懼、憤怒與報復的種子。因此你們必須如修行者般安坐並深入觀察，然後自問：『為什麼有人要對無辜者施暴？』」當你深入觀察時，便會明白那些施暴者對於情勢有錯誤的認識。他們確信自己的認識是真實無誤的，他們可能認為如果自己也在爆炸中死去，便會直接升上天堂，與上帝會合。

每個人都想活命，沒有人想死。但他們可能以為殺害別人、犧牲自己，是在替天行道。他們以為站在另一邊的那些人都是上帝的敵人。你不難看出這是錯誤的思維，所以自然會非常同情他們。凡是抱持這種見解的人，生命都極為陰暗，也會非常痛苦。到處都存在著許多錯誤的認知，只要那些錯誤的認知持續存在，恐怖份子的數量便會不斷增加。要完全找到他們和控制他們是非常困難的。

如果一個恐怖組織被人以暴力的方式摧毀，另一個又會冒出來，那是沒完沒了的事。因此我告訴編輯們：「當你們報導恐怖行動時，請用你的慈悲，深入理解。用讀者看了不會被激怒，不會因而變成另一個恐怖份子的方式，去解說那個故事。」

我們可以說實話，但我們必須幫助人們了解。當人們真的了解時，他們的憤怒將會減輕。他們不會失去希望，為了不讓這種痛苦繼續下去，他們知道如何分辨該做與不該做的事，以及該攝取與不該攝取的東西。因此，我那天早上的訊息是：我們應該用不會增加人們心中的絕望與憤怒的方式，去省思與討論各種事件。我們可以幫助人們了解事情為什麼會發生，好讓他們的智慧與慈悲增長。藉由這種深觀的修行，我們可以做出很大的改變。解決之道，絕非隱藏事實。

在日常生活中使用正語

正語中的這四種修行方法提醒我們，每天都要使用能夠表達不歧視、寬恕、了解、支持與愛的言詞。能夠使用慈悲的話語來說話或書寫，會讓人感到安心自在。以這種方式說話，說者與聽者同樣能夠達到療癒的效果。這四種修行方法也提醒我們，一切含有毒素、歧視與仇恨的話語，都會令自己痛苦，也會讓別人痛苦。這是一個簡單的公式：不正語造成不幸；正語帶來幸福與療癒。每天我們都可以說具有療癒作用與助人效果的話。成人辦得到，小孩也辦得到，商人、從政者或老師也都辦得到。無須等到特別的時刻才做，我們可以立即停下手邊的工作，發送一封包含正語的電子郵件，馬上便能止息自己與別人心中的痛苦。

四

愛語的六句眞言

The Six Mantras of Loving Speech

別害怕給所愛的人一些空間，
讓他們聆聽自己。

當我們覺得自己孤立無援時，要記住那只是一種知覺，它並不真切。想想有一棵樹正佇立在外面，它用其美麗、清新及可供我們呼吸的氧氣在支持我們。那種支持也是一種愛。戶外清新的空氣、可供我們食用的植物，以及從水龍頭流下來注滿我們雙手的水，都在支持著我們。

人們可以用許多方式來支持與愛護我們，而不一定要真的說：「我愛你。」你可能認識從未說過「我愛你」的人，但你知道他們其實很愛你。我剛剃度出家時，我知道有個老師很疼愛我，但他從來不說「我愛你」。那是傳統的方式。如果有人說出「我愛你」三個字，就好像失去了某種神聖義涵。有時候我們覺得非常感謝，但我們想用不同於只是說「謝謝你」的方式，來表達這份謝意。看看人們用許多方式默默交流愛意，並沒有使用言語。也許，就像樹一樣，他們正用其他方式在支持著你。

確實你所愛的人也許不知道你愛他們。有時候我們想要告訴某個人，我們有多麼關心他，卻不知道該如何表達，才能讓對方了解我們真正的心意。

六句真言是具體表現愛語的六個句子，可以讓人們知道你眼中有他們，你了解他們，你關心他們。在佛教中，我們稱這些句子為「曼怛羅」（mantra），即「真言」或「咒語」，它們是一種神奇的語句。當你口唸真言時，會有奇蹟出現，因為你會立即感受到幸福。

每次修習時，都由正念呼吸開始，讓自己回到當下。然後保持正念，面對對方，承諾修習慈悲溝通。在你說出真言之前，先吸氣與呼氣三次。做三次呼吸，讓你平靜下來，而你的平靜也會傳達給對方。然後，當你見到對方時，你知道自己將會是清新與平靜的，你可以把這些素質獻給對方。

如果你想要真言生效，就必須先正念地吸一口氣，回復清新，然後說出真言。你看著對方的眼睛，然後說出這幾個短句。一句真言可能只有短短幾個字，但在這幾個字裡，你卻能完全為自己所愛的人而在。

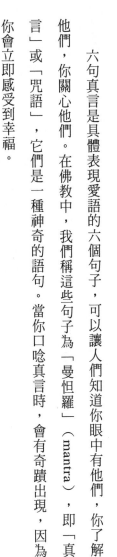

第一句真言

第一句真言是：「**我為你而在。**」這是給與所愛的人最佳的獻禮。沒有任何禮物會比你的存在更加珍貴。無論你買給別人的禮物有多麼昂貴，都不如你真實的存在那麼可貴。你美妙的存在是清新、可靠、自在與平靜的，你將它獻給所愛的人，讓他們和你自己更快樂。「我為你而在。」

愛一個人，意味著要為他而在。存在，是一種藝術，也是一種修習。你真的為自己所愛的人百分之百存在嗎？運用正念呼吸與正念行走的技巧，便能整合身心，找回自己，讓自己真正活在當下。這樣的為了自己與他而在，是一種愛的表現。

我們也可以對自己用這個真言。當我對自己說：「我為你而在。」那也意味著我為自己而在。我的心回歸身體，我覺知自己有個身體，這是一種愛自己的修習。如果你能為自己而在，你就能夠為所愛的人而在。

這個修習可以令人非常愉快。吸氣，將心帶回身體，這是一件令人非常愉快的事。你享受吸氣，享受自己的身體，也享受自己的心，然後這個真言也會影響到你周遭的人。

你無須等待這個修習得到回應。對方無須回覆任何話語。當你說出真言時，你們兩人都獲益。這個真言幫助你與對方回到自己，回到你們談話的當下，因此效果是雙重的。

我們說，愛是建立在了解的基礎上。但如果你心不在焉的話，要怎麼去了解別人呢？你的心必須在此時此刻，然後你才可以去愛。因此，愛的第一個定義是，存在。如果你不在的話，要怎麼去愛呢？窗外的樹在那裡支持著你。你可以為自己及為所愛的人而在，如同那棵樹一般。正念修習是愛的基礎。少了正念，你便無法適切又深刻地愛。

雖然你說：「我為你而在。」但在修習第一句真言時，對方可以不必在場。如果對方在家裡或在工作，你可以打電話給他。當你握著話筒時，先吸氣與呼氣幾次，讓自己回到當下，平靜下來。當你聽到電話鈴聲響起，你可以繼續修習正念呼吸。當對方接起電話時，你可以問他是否有空。如果對方有空，你便可以說：「我為你而在。」如果你有修習正念呼吸，那麼你唸出真言的時候，一定會傳達出你的平靜與你的存在。

第二句真言

除非你已經修習過第一句真言，你為他而在，否則別使用第二句真言。接下來，當你真的存在當下，你便能夠覺知到對方的存在。第二句真言是：「**我知道你在，我很幸福。**」你讓自己所愛的人知道，他的存在，對你的幸福而言是很重要的。

第二句真言表示你真的看到對方。這很重要，因為當一個人忽略你時，你不會感覺到自己被愛。你可能會覺得自己所愛的人太忙了，因而無暇看著你。你所愛的人可能在開車，他想著各種事情，除了明明就坐在他旁邊的你。你無法得到他的注意。愛，意味著覺知自己所愛之人的存在，承認他的存在對你而言很珍貴。你用正念的能量，覺知和擁抱所愛之人。在你正念的懷抱中，對方會如花朵般綻放。

「我知道你在，我很幸福。」第二句真言是再度肯定，對方的存在對你而言是很重要的。第二句真言，如同第一句，唯有在唸出之前先回到自己的呼吸，才會生效。想像對方已經不在了，他已經搬家或去世了，你可能會覺得心裡好像有個巨大的空洞。但現在，那個人還活著且離你很近，你是多麼幸運啊！這就是為什麼你必須修習第二句真言，好提醒自己應該珍惜對方的存在。

如果某個人說他愛你，卻忽略你的存在，並且對你的出現毫不在意，那麼你一定感覺不到自己是被愛的。因此當你愛某個人時，一定要承認他的存在對你是很珍貴的。第二句真言可以每天修習，一天數次。「我知道你在，這讓我感到很幸福。」

這句真言，如同第一句真言，隨時都可以與他人分享。無論在上班前或在餐桌上，或者如果你沒有機會看到本人，也可以透過電話或電子郵件，傳遞你想要分享的這個訊息。這些真言起初會讓人感覺有點尷尬，但習慣之後，一旦你看到成果，接下來就會比較容易了。你可以立即讓自己與對方都感到幸福快樂，它比即溶咖啡的速度還快！但記住一件事：只有在你知道如何回到當下，正念地唸出真言時，才會生效。

第三句眞言

前兩句真言，一天可以說上好幾次，無論在什麼情況下都可以，第三句真言則適用在你察覺到對方正在受苦時。第三句真言可以立即幫助對方減輕痛苦，它是：

「**我知道你在痛苦，因此我為你而在。**」

由於你抱持正念，你知道你的朋友或你所愛的人過得不順利。當你所愛的人在受苦時，你可能會衝動地想要做點事情來改變它，但其實你無須做太多。你只需為他而在。那是真正的愛。真愛是由正念構成的。

因為你的正念，當你所愛的人過得不順利時，你才會知道。當你察覺此事時，你會想要做點事情來幫助他減輕痛苦。除了為他而在，你無須做任何事。當你說出這句真言時，你所愛的人會立即減輕痛苦。

當你痛苦而你所愛的人忽視你的痛苦時，那會讓你更加痛苦。但如果對方覺知你的痛苦，在那段艱苦的時間陪伴你，你的痛苦會立即減輕。很快你就會感到抒解。因此請你在人際關係中善用這句真言，幫助他人減輕痛苦。

第四句真言

第四句真言稍微困難一點，尤其是對那些非常憍慢的人。當你受苦並相信是對方造成你的痛苦時，你可以使用第四句真言。這種情況時常會發生。如果對方是你不太在乎的人，無論他對你說什麼或做什麼，你都不會那麼難過。但當你所愛的人說了一些批評或輕視你的話，你會感到非常難過。如果我們心裡難過，又不深入觀察自己的痛苦，對自己與對方生起慈悲，我們可能會想要懲罰那個傷害我們的人，因為他竟敢讓我們受苦。當我們感到痛苦時，我們認為都是對方的錯，是他們不夠重視我們，或不夠愛我們。我們許多人有種自然的傾向，會想要懲罰對方。而我們想到懲罰對方的方式之一，是表現出即使沒有他，我們也能活下去。

許多人都曾經犯過這個錯誤，我自己也是如此，但我們從中學習。我們想要讓對方知道，即使沒有他，我們也能過得很好，這等於是間接宣示：「我不需要你。」但這並不是真的。事實上，當我們感到痛苦時，我們需要對方。

當我們感到痛苦時，應該告訴對方我們很痛苦，需要他們的協助。但我們通常都做相反的事，我們不想主動請求協助。因此，我們需要第四句真言：「**我在痛苦，請幫助我。**」

這說起來很簡單，卻有其難度。但如果你可以讓自己說出這句真言，痛苦會立即減輕，我向你保證。因此請把這個句子寫在一張如信用卡大小的紙上，然後把它放進你的皮夾裡。這是個神奇的咒語：「我在痛苦，請幫助我。」

如果你沒有修習這句真言，你可能會悶悶不樂。如果別人察覺到事情不對勁，察覺到你可能很痛苦，他們會試著安慰你說：「你痛苦嗎？」當有人這樣問你時，你或許會習慣性地回應：「痛苦？我為什麼要痛苦？」你知道這不是事實，其實你心裡非常痛苦，但你假裝自己並不痛苦。你不說真話，以此作為懲罰對方的一種方法。如果他試著靠近你，把手搭在你的肩膀上，你會想要厲聲說：「別管我，我沒有你也一樣可以過得很好。」許多人都會犯這種錯誤，但我們可以學習。

修習這句真言，你要反其道而行，你必須承認自己很痛苦。為了配合情況，也可以把這句真言稍為改長一些：「我在痛苦，希望你能知道。我不了解你為什麼要對我說那些話或做那些事，請你解釋一下。我需要你的幫助。」這才是真正的愛。逞強地說「我不痛苦，不需要你的協助」，並非真愛的語言。

下一次，當你感到痛苦，並且認為都是對方的錯，你的痛苦都是他造成的，這時候，請記得拿出紙條來唸，然後你會知道自己應該怎麼做——修習第四句真言。

根據我們在梅村的做法，你有痛苦的權利，但不超過二十四小時。有個期限，期限是二十四小時，到期之前，你一定要修習第四句真言。你有手機，你有電腦，我確信當你能寫下它時，痛苦立即會減輕。如果你在二十四小時之內，心情仍然難以恢復平靜，無法修習第四句真言，那麼你可以把它寫在紙上，並留在對方的桌上，或一定會被對方看到的地方。

這句真言可以進一步拆解成三個句子。第一句是：「我在痛苦，我希望你知道。」這是與你所關心的人分享你自己的感受。你們彼此分享快樂；當然也必須分擔痛苦。

第二句是：「我正盡力而為。」這意味著，「我正在修習正念，所以當我生氣時，絕對不會說出對自己或對你造成傷害的話。我正在修習正念呼吸與正念行走，深入觀察自己的痛苦，以找出痛苦的根源。我認為是你造成我的痛苦，但我知道自己不可以過於肯定。我在探尋這個痛苦是否源自於我自己的錯誤認知。也許你不是故意這麼說，或者並不想這麼做。我在努力修習深觀，覺知自己的憤怒，並溫柔地擁抱它。」

第二句話是邀請對方做一樣的事，像你一樣修習。當對方接收到這個訊息時，他可能會對自己說：「啊！我不知道他在受苦。我說了什麼話或做了什麼事，才會讓他如此痛苦呢？」這是邀請對方也修習深觀。如果你們其中一人找到原因，那個人就應該立即與對方溝通，為自己的不佳行為道歉，這樣對方才不會繼續痛苦。

因此第二句話是邀請雙方都深入觀察，覺知發生了什麼事，探究痛苦的真正原因。這麼做是承認對方也是人，此時盡力地做好他的份內之事，而我們也一樣在盡力做好自己該做的事。

第三句是：「請幫助我。」這句話承認我們無法單靠自己的力量解決問題，我們需要彼此。這也許是最困難的部分。這三句話合起來便是：「我在痛苦，我希望你知道。我正盡力而為，請幫助我。」

第五句真言

第五句真言是：「**這是幸福的時刻。**」當你和你所關心的人在一起，你可以使用這句真言。這不是自我暗示或一廂情願的想法，因為幸福的條件已經俱足。如果我們沒有正念，便無法認出它們。這個真言是提醒自己與對方，我們都很幸運，當下有許多幸福的條件。我們可以輕鬆地呼吸，我們擁有彼此，我們還有蔚藍的天空與堅實的大地在支持著我們。與他人一同坐，一起走路，可能你會想唸出這第五句真言，領受自己是多麼地幸運。

要能覺察此刻是幸福的時刻，得依靠你的正念。這些幸福的條件對你們兩人當下享受快樂來說，已經綽綽有餘。正念讓此刻成為美妙的時刻。我們每個人都能藉由修行，學習如何將幸福帶到此時此地。我們在等待什麼才會感到幸福呢？我們為什麼要等待呢？藉由正念，你知道當下便可以幸福快樂。

第六句眞言

當別人稱讚或批評你時，你可以使用第六句真言。在這兩種情況下，都很適用。第六句真言是：「**你有部分是對的。**」

我既有短處，也有長處。如果你稱讚我，我不應該洋洋自得，而忽略了事實上自己還有一些內在的挑戰。當你批評我時，我不應該迷失自我，而忽略了一些正面的特質。

當你在某人身上看見美好的素質時，很容易略過不太美好之處。但身為人類，我們每個人都有正反兩面。因此當你所愛的人稱讚你，說你是最完美的形象時，你可以說：「你有部分是對的，你知道我還有其他方面。」如此，你能保持謙虛，不會因為驕傲而成為這個假象的受害者，因為你知道自己並不完美，這點非常重要。當你說出第六句真言時，你保持謙虛。

如果對方批評你，你可以回答說：「親愛的，你只對了部分，因為我其實也有一些優點。」無須批判，你自我省察求取進步。如果某個人輕視你，你回答說：「你說的事情部分是正確的，但我也有一些長處。」同樣地，當某個人稱讚你時，你可以謝謝他們的賞識，但也要指出他們只看到你的一部分，你還是有許多有待改進的地方。「你所說的部分是正確的，因為我還有許多也許你尚未看到的缺點。」如果某個人說：「你有許多缺點。」你可以說：「你有部分是正確的，但我也有一些長處。」你可以在心裡默默地回答，也可以和善地說出來。「你只看到我的一部分，而非全部。我還有其他更好的部分是你沒看到的。」

第六句真言是事實。你並未說謊，你也沒有落入虛偽的謙虛。你可以說出聲，也可以默默對自己說。你內在有許多美好的特質，也有許多缺點；你兩者都接受。接受兩者，無礙於你發展自己的優點，改善自己的缺點。

我們看待別人時，也可以使用同樣的方法。我們可以像接受自己一般接受他人。我們知道他們所表現出來的只是他們的一部分。在對別人批判與叫囂之前，我們必須更深入地觀察，不要貿然地說他毫無價值。我認識一些非常敏感的人，即使一個輕微的指責，也會令他們哭泣且變得很不快樂。也許你也認識這樣的人。因此，我們全盤接受自己的缺點，然後我們會感到平和。我們不批判自己，我們接受自己。我有這些特質與這些缺點，但我會依照自己的步調，試著慢慢改進。如果你可以如此看待自己，你也能如此看待別人，不妄加批評。

即使那個人有許多缺點，他還是有許多獨特的才能，許多優點。沒有誰是毫無優點的。當別人批評你時，你必須說他們有一部分是對的，但他們並未看到你的其他部分。別人只看到你的一部分，而非全部，因此你一點也不用難過。

我們可以用這六句真言來強化親密關係。我有個朋友名叫伊莉莎白，最近與我分享了她使用這些真言的幾個方式。她的姊姊大她一歲，兩人從小到大都膩在一起，但隨著年歲漸增，尤其進入青少年時期，伊莉莎白逐漸養成訓斥姊姊的習慣，她會告訴姊姊要怎麼做。不難想像有時她的姊姊會有強烈的情緒反應。

藉由正念的修習，伊莉莎白說，她更加覺知自己的說話方式，也了解到改掉這個壞習慣的重要性。當她去探望姊姊時，她開始以她自己的說法，修習第二句真言。她說：「我真的很高興妳在這裡。」對於有姊姊在她的生命中，以及姊姊已經盡力而為的事實，她都深自反省，表達出由衷的感激。

伊莉莎白也將這些真言運用在她的婚姻裡。起初每當她的丈夫說了令她很受傷的話，她會立即生起報復之心。但現在，她會試著慢慢地接近他，使用她自己的第四句真言，問他：「你所說的，我真的不了解，究竟是什麼事呢？」這時她丈夫會分享自己的想法，而大多數時候，她發現他的評論其實與她無關，他要談的根本是別的事情。這個真言為她「開了一扇門」，讓她「看清楚他的內心世界」。

有時候伊莉莎白對丈夫說某件事，而他會出現強烈的情緒反應，這時她又會針對他的反應再做反應。最後她學到修習第三句真言：「我知道你在痛苦，因此我為你而在。」她會問他說：「是因為我說過的某件事嗎？我真的很想了解是怎麼一回事。我很抱歉，我無意做出傷害你的言行。如果你告訴我，我就能了解我所說的事是如何影響你。」

她還告訴我她在梅村時發生過的事。她在庭園裡採收快要凋零的玫瑰花瓣，以供泡茶使用。一個園丁走過來斥責她，說她拿走原本要讓大眾在庭院裡欣賞的花朵。伊莉莎白說：「我不是拿新鮮的，只是撿枯萎的。」但這名園丁並未消氣。於是伊莉莎白去找我們的一位比丘尼，尋求她的忠告，她知道這個比丘尼一定能幫助她了解。這位尼師告訴她，最近有其他人到花園裡摘花以供私用，因此這個園丁才會對這件事如此敏感。這位尼師說：「伊莉莎白，妳恰巧踩到他的敏感神經。」聽完這番話後，伊莉莎白胸有成竹地去找這個園丁，並且修習第三句真言。她說：「我現在比較了解實際情況了，如果你希望的話，我不會再碰庭園裡的花朵了。」這個園丁正準備展開一趟德國之旅，因此伊莉莎白也修習第一句真言：「我為你而在。」她告訴他，在他離開的這段時間，她會代他給玫瑰花澆水並修剪果實。

最近另一個朋友，也分享了在禪修營裡讓他感到非常痛苦的事。他選擇修習第四句真言：「我在痛苦，請幫助我。」他與室友們分享，自己不想說什麼，只想要室友給他空間。這讓他的室友了解他的狀況，而不會以為是他們做錯了什麼，也在他無法為室友而在的時候，更能夠接納他。了解自己需要什麼，尋求協助，是很有益處的。

這六句真言是每個人都能夠自己在家修習的，連小孩也可以做得到。孩子在家裡經常會有無能為力的感覺，但藉由正念、專注及修習六句真言，他們也有工具可用。懷抱關愛與完全投入的態度唸一句真言，孩子能即時改變狀況，即使是很緊張的情況。它也給予父母一個使用愛語的機會，與子女溝通時，不會總是擺出權威的架勢。這讓父母與子女的溝通充滿活力。當家庭裡缺乏實質有效的溝通時，父母與子女都會很痛苦。這六句真言的修習方法，是使用愛語與諦聽，以保持順暢的溝通管道。有了這樣的溝通，我們將更能相互了解，我們的愛才會是真愛，因為它建立在了解的基礎上。

將慈悲溝通帶入你的人際關係

當你能夠對所愛的人使用這六句真言，你會發現你們正在一起建造一個家。通過慈悲地聆聽自己，你開始回到自己。藉由慈悲溝通，你能幫助所愛的人回到自己。你所愛的人也在尋找家園，尋找溫暖與庇護。一旦你有家了，便能幫助他。你很有信心，因為你知道如何與自己相處，以自己為家。你的信心可以啟發別人效法。他們也許會從你身上找到家，然後倚仗它去打造他們自己內在的家。

你不需要 iphone，就能做到這件事。你需要你的眼睛，用慈悲去觀察。此外，你還需要耳朵與嘴巴，慈悲聆聽，正念地說話。當你所愛的人能回到他們自己時，你們的關係變成一種真正的關係，因為你們雙方都能夠以自己為家。別害怕給所愛的人一些空間，讓他們聆聽自己。當你們有足夠的空間可以聆聽自己，你們走在一起的時候，在彼此身上找到家，也在自己內在找到家。你們有一個共同的家，可以讓你們一起分享。這會變成你們所有關係的基礎。如果你想要幫助社會，幫助你的團體或國家，就必須以家為基地。當你的內在，你的家庭裡，都有一個真正的家，你便會感到幸福、安全與滿足。然後你便能夠走出去，協助創造一個充滿慈悲與愛的社會。

五

當困難出現時

When Difficulties Arise

當我們能生起慈悲的心念時，
這個心念會療癒我們，療癒對方，療癒世界。

我們很多人都因為溝通困難而感到痛苦。例如，在工作中，我們經常會覺得自己已經試過一切方法，仍然無法與同事溝通。這種事也經常會發生在家庭裡。我們覺得自己的父母、兄弟姊妹或子女都太堅持己見，不可能有真正的溝通。

然而，還是有許多方法可以幫助我們達成和解，創造更多慈悲溝通的機會。

生氣時的溝通

與他人溝通之所以會產生困難，原因之一是我們經常想要在生氣時進行溝通。我們很痛苦，我們不想單獨面對這一切痛苦。我們認為自己會生氣，都是因為別人做了什麼，所以我們想要讓他們知道。生氣具有急迫性。我們想要讓別人立刻知道他們的問題在哪裡。

但是當我們生氣時，我們的頭腦並不清晰。在生氣時行動可能會帶來許多痛苦，使情況更加惡化。這並不表示我們應該壓抑自己的憤怒。當問題出現時，我們不應該假裝一切都沒問題。我們可以用一種健康與慈悲的態度，去感覺和處理憤怒。當憤怒出現時，應該溫柔地對待它，因為那個憤怒就是我們自己。我們不應該粗暴地對待它，粗暴地對待憤怒，即是粗暴地對待自己。

正念呼吸可以幫助我們覺察憤怒，溫柔地對待它。正念的能量擁抱憤怒的能量。憤怒是一股強大的能量，我們可能需要與它共坐一段時間。當你煮馬鈴薯時，必須維持爐火至少十五至二十分鐘。正念修習亦是如此，當它擁抱憤怒時，也需要一段時間，因為憤怒需要一些時間才能料理。

在你帶著正念覺知安坐，平靜你的怒氣之後，你可以深入觀察憤怒，看清它的本質和起源。憤怒的根源是什麼？它可能來自錯誤的認知，或慣性的處事方式，這些認知和處事方式並不反應我們最深層的價值觀。

坊間流行的心理治療，有時會鼓勵我們要發洩怒氣，以便「把它逐出我們的身體」。治療師會建議我們，在僻靜處尖叫或打枕頭之類無生命的替代品，以宣洩憤怒。

我還沒看過這種做法可以有效地轉化憤怒的根源。想想燒柴火的爐灶，如果它故障了，你可以打開窗戶讓煙散去。但如果故障的原因依然存在，煙會再次冒出來。你必須修理爐灶才行。尖叫和捶打枕頭可能只會助長憤怒，讓它變得更旺盛，而無法把它逐出你的身體。

為了療癒憤怒，你必須真正地接觸它。當你打枕頭時，你並未真正地以能夠增進了解的方式接觸憤怒。你甚至沒有接觸到枕頭，因為如果你真的接觸到枕頭，就會知道那只不過是枕頭。

壓抑憤怒是危險的。如果憤怒被忽視，它可能會爆炸。憤怒，如同所有強烈的情緒，想要展現自己。那麼我們要如何處理它呢？最好的方法，是返回自己，處理我們的憤怒。我們可以想起第一句真言，為自己而在，照顧我們的憤怒。我們回到自己，連結身心，回到正念呼吸與正念行走。為自己而在，意思是保持正念，然後用正念去覺知、擁抱和深入觀察我們的強烈情緒。

通常當憤怒生起時，我們會想對抗那個讓我們生氣的人。我們更熱中於責備那個人，而非處理更迫切的事，即我們的憤怒。我們就像房子著火卻急著去追縱火犯，而不是回家滅火的人。在這段時間，房子持續燃燒著。

某個人做了某件事造成你的痛苦，有許多方法你可以用來與他溝通。你可以寫紙條或寄電子郵件給那個人，但首先一定要修習正念呼吸，照顧自己的憤怒，這是使用第四句真言的最佳時機：「我在痛苦，請幫助我。」一旦怒氣平息了，你可以打電話給對方。然而，只有在你能夠平靜地告訴他你很痛苦，希望得到幫助時，才打電話給他。你可以讓對方知道，你在盡力照顧自己的痛苦，你鼓勵他也這麼做。當我們生氣時，要尋求協助是很困難的，但這樣做可以讓別人看到你的痛苦，而非只是你的憤怒。他們會了解是痛苦造成憤怒，然後溝通與療癒才可以展開。

幫助彼此減輕痛苦

當我們與自己關心的人有了嫌隙或不和時，雙方都會感到痛苦。如果我們不是那麼在乎對方，這個嫌隙就不會讓人那麼痛苦。讓我們感到最痛苦的，往往是我們最在乎的人。我們長時間活在那個嫌隙中，直到我們開始認為無可彌補。

只要嫌隙存在，我們就會一直想要避開它或掩蓋它，因為我們害怕觸及內在的痛苦。我們可以假裝它不存在，但它其實一直都存在，一個內在的大阻礙。

我們的痛苦需要得到了解。藉由每日的修習，我們可以產生足夠的正念，足以毫無畏懼地回到自己的痛苦。正念幫助我們覺知內在的痛苦。正念幫助我們擁抱那痛苦，這是第一步。

當某個人造成你很大的痛苦時，你可能甚至不會想要看到那個人，或和那人待在同一個房間裡，因為那樣會讓你很難受。藉由覺知，你可以了解自己的痛苦，也覺察對方的痛苦。你甚至可能會了解，那個人如此痛苦的原因，是因為他不知道如何處理痛苦。他的痛苦溢出來了，而你就是它的受害者。也許他並不想讓你痛苦，但他不知道還有其他的辦法。他無法了解和轉化自己的痛苦，才會讓周遭的人也跟著受苦，即便那並非他的本意。因為他痛苦，你才會跟著痛苦。他需要的不是懲罰，而是幫助。

承認他內在的痛苦，你就可以幫助他。如果一段關係出現困難，我們必須承認這些困難。我們習慣於說一切都沒問題，因為困難讓我們感到挫敗。但不承認這些困難，我們便無法培養了解與慈悲，我們會感到疏離。我們無法提供幫助。

你必須使用慈悲溝通的工具，也就是你曾修習過的諦聽與愛語，與那個跟你溝通困難的人恢復溝通。修習正念呼吸一陣子以後，你可以向對方說類似這樣的話：

「我知道你現在心裡不太快樂。」

「過去我不了解你的感受，才會做出讓你更痛苦的反應，而那也讓我更加痛苦。我未能幫助你解決問題，我憤怒的反應還讓情況惡化。」

「我無意讓你痛苦。都是因為我不了解你的痛苦，也不了解自己的痛苦。」

「我現在比較了解自己難過的感受，我也想了解你的感受。了解你的痛苦，了解你的難處，有助於我用更好的辦法來處事。」

「如果你關心我，請幫助我了解。」

「告訴我你在想什麼，我想聆聽，我想了解。告訴我你的痛苦與困難。如果你不幫助我了解，還有誰能幫我呢？」

以上只是幾個例子。重要的是要用你自己的話來說。當你心中有慈悲的能量時，自然能說出屬於你自己的愛語。當你對某個人非常生氣時，在那個氣頭上，難以使用愛語。但當了解生起時，慈悲就會出現，這時無須費力便能使用愛語。不了解病根的醫生無法幫助患者，不了解病患痛苦的心理醫師也幫不上忙。愛語能打開溝通之門，然後你才有機會修習諦聽，幫助對方療癒這段關係。

要承認關係中出現困難需要勇氣。你也許認為可以一直等待，直到對方先來找你，但那不太可能發生。你不可以只是等待，你可以透過坦誠與慈悲的對話，練習恢復溝通。你必須給自己訂出一個開始行動的期限。當人們前來參加為期一週的禪修營時，我給他們訂出禪修營最後一夜作為期限，必須在此之前開始和解。如果你真心修習，別人會看到和受到影響。他們也許無法立即表現出來，但你所說的話及你的眼神都會產生作用。

憍慢的痛苦

越南有個眾所周知的故事，講述一對年輕夫妻，因為沒有修習正念溝通而承受極大的痛苦。丈夫前往參戰留下懷孕的妻子。三年後，當他退役時，他的妻子帶著幼兒到村口迎接他。這是男人第一次看見他的孩子。當這對年輕夫妻相見時，忍不住喜極而泣，他們很高興這個年輕男子可以生還返家。

越南有個傳統，每當重大事件發生時，我們會到祖先祭壇前上香祭拜，告訴他們發生了什麼事。於是那個妻子前往市場購買鮮花、水果與其他要擺在供桌上的供品。父親則和兒子待在家裡，試著要哄小男孩叫他「爸爸」。但小孩拒絕了。

他說：「先生，你不是我爸爸。我爸爸是別人，他每天晚上都會來看我們。每次他來，我母親都會和他說很久的話，並且不斷哭泣。當我母親坐下來時，他也跟著坐下來。當我母親躺下來時，他也跟著躺下來，所以你不是我爸爸。」聽到這番話，年輕父親心灰意冷，他再也笑不出來，他變得沉默。

當妻子回來時，這個男人不再看她，也不再和她說話。他異常冷淡，表現出鄙視她的樣子。她不了解為什麼會這樣，於是感到很痛苦。

拜完祖先後，傳統上會從供桌上拿下供品，然後全家坐下來高興地一起享用。但這個年輕男子上香祭拜之後沒有這麼做。他離家前往村子，在酒舖裡流連不歸。他因為痛苦而喝得酩酊大醉。當他回家時已經很晚了。他每天晚上都是如此，從來不和妻子說話，也不看她，不在家吃飯。這個年輕女子非常痛苦，再也無法忍受，終於在第四天跳河自盡。

葬禮結束之後那一夜，年輕父親與男孩回到家裡。當男人點燃煤油燈時，小男孩突然大叫：「這就是我爸爸！」並指著他父親映在牆上的影子。原來那個年輕女子過去每晚都在和自己的影子說話，因為她實在太思念丈夫了。有一天小男孩問她：「村子裡每個人都有父親，為什麼我沒有呢？」為了安撫他，所以她才指著自己映在牆上的影子說：「這就是你的父親！」當然，當她坐下來時，影子也會跟著坐下來。現在年輕父親終於了解了。他的錯誤認知頓時一掃而空，但為時已晚。

如果這個年輕男子能去找他的妻子，問她說：「親愛的，過去這幾天我非常痛苦，幾乎快活不下去了。請妳幫助我，請告訴我過去每晚都來我們家的那個人是誰，妳都在對誰說話與哭泣？」結果會怎麼樣呢？這是一件非常簡單的事情。如果他真的這麼做，這個妻子就有解釋的機會，悲劇也就可以避免了，他們便能恢復快樂的生活。那是一個直接的方法，但他並沒有這麼做，因為他受到很深的傷害，而且他的憍慢阻止他去找她，向她求助。

這個女人一樣非常痛苦。她因為丈夫的行為而受到很深的傷害，但她並沒有向他求助。也許，如果她能問丈夫出了什麼問題，他便會告訴她那個男孩所說的話。但她並沒有這麼做，因為她也被困在憍慢中。

錯誤的認知可能是許多痛苦的起因。我們所有人都受制於誤解，每天都活在錯誤認知中。這就是為什麼我們必須禪修，深入觀察各種認知的本質。無論我們感知到什麼，都必須問自己：「你確定這個認知是對的嗎？」為了安全起見，你一定要這麼問。

在日常生活中，我們都受制於許多錯誤的認知。很可能別人並無意傷害你。正念溝通具有減少人際關係中許多不必要痛苦的潛能。

家庭中的和解

有時候溝通在我們自己的家庭中是最困難的，因為家人有類似的痛苦，回應痛苦的方式也類似。你父母的痛苦是從他們的父母，與更早之前的祖先那裡延續下來的。除非你了解自己的痛苦，與自己和解，否則痛苦會一代代地傳下去。因此正念溝通不只是為了自己與所愛的人，也是為了我們的後代子孫。

了解你自己的痛苦，你便了解你父親的痛苦。你父親可能有許多痛苦，但他無法處理及轉化這些痛苦，因此才會將一大堆的痛苦傳給你。你從他與母親那裡繼承了這些痛苦。

當我們還年輕時，許多人會下定決心，不要和自己的父母一樣。我們說我們永遠不會讓自己的孩子痛苦。但長大之後，我們卻不知不覺步上父母的後塵，我們讓別人痛苦，因為我們和祖先們一樣，不知道如何處理自己所繼承的能量。我們從父母與祖先那裡，接收到許多正面與負面的種子。他們將自己的習慣傳給我們，因為他們不知道如何轉變它。有時這些習慣能量已經傳了許多代。

你必須明白自己是父親、母親與祖先的延續。不斷地培養正念，如此一來，每次習性出現時，你都能認出它，然後用正念的能量擁抱它。每一次我們能夠做到這一點，習性就會減弱一些。如果我們持續這樣的修習，就能阻止這樣的傳遞循環，這不只對我們有益，也會造福我們的子女與後代。我們也可以幫助子女學習如何處理他們的習性，滋長他們內在潛藏的正面要素。

我們年幼時從父母那裡接收到的痛苦，可能是我們最深的痛苦。我們可能會憎恨自己的父母，覺得自己永遠無法與他們和解，無論他們是否還活著都一樣。藉由正念呼吸、正念步行與深觀的修行，即使在最困難的家庭，也可以產生轉變，恢復溝通。如果對方也修習正念覺知，那會更加容易；但即使對方不知道這樣的練習，和解仍然是可能的。

與父母和兄弟姊妹的關係可能特別困難。也許在童年時，他們曾經受到很深的傷害，沒有人肯聽他們說話。因此現在他們持續這個循環，他們也不想聽任何人說話。別要求你的家人改變。當你能夠產生了解與慈悲的能量時，和解就會發生。

我還記得在德國北部奧登堡（Oldenburg）所辦的一次禪修營。在禪修營第四天，我給每個人訂下期限，要在午夜之前開始與自己極難溝通的人和解。隔天早上，一個男人來找我，他說：「多年來我一直對父親感到非常氣憤，甚至無法正眼看他。昨夜我撥了他的電話號碼時，心裡還是懷疑自己能否平靜地和他說話。」但當他聽到父親的聲音時，他發現自己自然而然地使用愛語，毫不勉強。

他說：「我知道過去多年來你一直非常痛苦，我很抱歉。我明白自己說話與做事的方式都無法幫上忙，我無意令你痛苦。」他父親聽出兒子話語中的慈悲，所以第一次對他說出了自己的痛苦與難處。

和解是可能的，你一定可以找到解決關係難題的辦法，無須讓這些困難經年累月地困擾你。

第一步是修習正念呼吸、正念行走，以及日常活動中的正念，以便讓自己有足夠的力量可以回到自己，聆聽自己的痛苦，深入觀察痛苦的本質。除非我們聆聽自己的痛苦，否則我們無法改善人際關係。有了正念，慈悲會生起，你能夠接受自己，然後你才有機會了解別人。即使他們不在你身邊，你還是可以端坐闔眼，看見長久以來他們經歷過的痛苦。當你能夠看見別人的痛苦時，便開始能夠了解他們如此痛苦的原因，然後你再也不會對他們生氣，慈悲油然生起。當慈悲生起時，你會更平靜，心會更清明，此時你自然而然會用適當的言行，幫助對方走出困境，和解便有可能達成。

長期關係中的溝通

在長期的關係中，例如在家庭裡，我們經常習慣性地認為不可能改變。我們認為別人應該改變，他們卻不改變，因此我們便放棄希望。但我們必須停止批判，回到自己的內在溝通。如果我們等待父母或伴侶改變，那可能會花上很長一段時間。如果我們等待別人改變，我們可能會把所有時間都花在等待上。因此你最好還是改變自己，別想要強迫別人改變。即使得花很長的時間，但當你能夠自己作主並盡力而為時，你會感覺好多了。

有時候當你看見伴侶做出讓你惱怒的行為時，你可能會想要斥責他。如果你立即試著糾正他，他可能會生氣，然後你們兩人都被激怒，變得不友善。此時彷彿藍天消失了，綠樹也不見了，你們就像兩塊痛苦的石頭在相互碰撞。戰爭擴大，痛苦升高。你必須從痛苦中脫身，重新回到自己，讓自己靜下來，直到你知道如何以愛的方式處理為止。

然後，當你平靜下來時，邀請你的伴侶說話。你可以說你很抱歉自己不夠了解他。當你準備好時才這麼說。接著便耐心傾聽對方說話，即使是抱怨、責備或冷言冷語也沒關係。你會由此得知你的伴侶對你或對情況有多少錯誤的認知，但試著不要打斷他。讓他說，讓他有機會完全表露心聲，這樣他才有被聆聽與被了解的感受。當你的伴侶說話時，你要持續正念呼吸。不久你會逐漸找到一種非常善巧與慈愛的方式，能夠釐清他的誤解，增進相互的了解。

如果你的伴侶說了不實的話，別打斷他說：「不，不，你錯了。那不是我的本意。」讓他說出來，他只是試著說出自己的困難，如果你打斷他，可能會讓他失去說話的動力，然後他就不會告訴你任何事了。你有足夠的時間，你甚至可以花上幾天的時間深入觀察，在他準備好可以聆聽時，善巧地指出他的錯誤認知。你們可能長年以來都在生彼此的氣，而且也許只因為一個原因，你們都被困住了，無法改變現狀。如果你可以深入了解他，便能開始談和。愛與慈悲的話語以及諦聽，是恢復溝通最強大的工具。如果你能了解自己和改變自己，便能幫助你的伴侶走出困境。

有時我們處在負面的環境中，沒有空間與自己溝通。有時我們可能要改變周遭的環境。但有時候，在一段關係中，我們認為分居或離婚是唯一的選項。如果我們遭受家暴或虐待，確實得如此，讓自己處在一個安全與安心的位置是很重要的。但如果兩人彼此相愛且無意傷害對方，只是不知道如何溝通，在這樣的關係中，也許還有其他的解決辦法。許多人認為離婚便能解決問題，但在簽字之後，才發覺自己持續痛苦。如果有子女或經濟或其他牽絆你們的事，未來你們還是得相互往來。你們無法抽離彼此，痛苦還是會持續下去。因此問題不是你們是否待在一起，而是能否努力嘗試用愛語與諦聽相互了解，無論結果將會如何。

在困難的情況下相互了解

慈悲溝通是創造相互了解與改變的有力方式，它適用於許多人認為無法連結與無法溝通的情況，它可以在雙方都充滿恐懼與憤怒的情況下轉變狀況。

我們在梅村接待來自以色列與巴勒斯坦的團體時，曾經有這樣的情況。禪修的前面幾天總是困難重重。起初，雙方都充滿恐懼、憤怒與不信任，他們甚至不看對方，彼此充滿猜疑。當他們看著對方時則會感覺很不好，因為他們都受了很多苦，也都認為自己的痛苦是對方造成的。在第一週，我們只集中於與自己溝通，雙方都修習正念呼吸、停下思緒、深深聆聽自己。

到了第二週，我們才鼓勵他們進行慈悲溝通，練習諦聽與愛語。我們鼓勵說話的一方，包括小孩與大人，使用有助於對方了解他們苦痛經歷的語言，雙方都說出自己曾經歷過的各種痛苦，但使用的是愛語，並且盡量不責怪或指控對方。

我們建議聆聽的一方慈悲聆聽。如果他們聽到錯誤的見解，別試著去打斷與糾正，因為他們之後會有許多時間，可以幫助對方修正錯誤的認知。當一方深入聆聽對方時，他們或許初次認知到，對方也非常痛苦，而且即便環境不同，他們的痛苦和自己的痛苦非常類似。對許多人來說，這是他們第一次認知到，對方和自己一樣都是有血有肉的人，他們也和自己一樣痛苦。

當你了解他們的痛苦時，自然會對他們感到悲憫，突然間你再也沒有憎恨，再也不害怕他們。你看待他們的方式已經改變了。他們從你的眼神中看到慈悲與接受，痛苦隨之減輕。

這些聆聽的環節，必須讓人有足夠的時間聆聽和談論自己的痛苦。有些在場的人，既非巴勒斯坦人，也非以色列人。我們僧尼和在家眾，坐在那裡陪著他們一起呼吸，支持他們修習。我們修習正念呼吸，貢獻安定與正念的集體能量，支持他們修習慈悲諦聽。我們的陪伴，對雙方來說都非常重要。我們創造的集體能量，支持他們正念說話。

我認為我們可以為自己，以及任何分離的組別，安排同樣的修習。印度教徒很怕回教徒，而回教徒同樣也很怕印度教徒。在其他地方，回教徒很怕基督教徒，而基督教徒也很怕回教徒。我們認為另一個團體會威脅到我們的生存與身分。

首先是要深入觀察，看清楚不只我方有許多恐懼與痛苦，對方也是一樣。一開始我們認為自己是唯一承受許多痛苦與恐懼的人，但如果我們可以靠近和觀察對方，就會發現他們也有許多恐懼（恐懼我們）且很痛苦。當我們可以看見他們的痛苦與恐懼時，我們的痛苦便已減輕。當我們能生起慈悲的心念時，這個心念會療癒我們，療癒對方，療癒世界。

和談

我想如果政府官員，以我們安排諦聽與愛語的方式來安排和談，一定更容易與反對的黨派達成和解。當各對立政黨聚在一起協商時，他們不應該立即展開談判。每一個團體內部都有許多的疑惑、憤怒與恐懼，當這些強烈的情緒還存在時，談判可能困難重重。所有和平倡議的第一步，應該先致力於練習呼吸、走路、安坐與靜心。然後各個團體或許會做好準備要相互聆聽，想要相互了解的欲望與能力，將成為成功協商的基石。

如果在協商期間氣氛太過激烈，主席應該請所有人停下來，做深呼吸以緩和緊張的情緒。即使還有人在台上發言，所有人都應該一起停下來做深呼吸。

我過去在華盛頓特區向國會議員演講時，曾建議過類似的議事程序。之後，我為一些議員辦了一次禪修營，一起修習正念。那是許多年前的事了，但有幾位成員還繼續在美國國會修習正念行走。將慈悲溝通與正念談話帶入政治生活是可能的，而且非常有益。

諦聽與愛語放諸四海皆準，我們無須將這些技巧留至特殊場合才使用。它們適用於所有的情況，而且很有幫助。如果我們現在就使用諦聽與愛語，我們會擁有修復過去傷害所需的了解與洞見，為自己、家人、關係與所屬團體帶來療癒。

六

工作中的正念溝通

Mindful Communication at Work

當你微笑時，你的微笑會支持周遭每個人，
同時也提醒別人微笑。

成功的工作溝通，早在我們到達工作崗位之前便已經開始了。通常在上班途中，當我們開車、騎單車、搭火車、坐公車或走路時，我們的心思會集中在到達時必須做什麼，或離家前未完成的事情上。

如果我們轉而將注意力放在正念呼吸，與當下正在發生的事情上，便能好好享受上班途中的每一刻。我在開始一天的教學之前，不會把時間花在擔心人們可能提出的問題，或我應該如何回答他們。相反地，從房間走到授課的地方時，我完全享受每一步與每一個呼吸，深深地活在行走的每一刻。如此一來，當我抵達時，我感覺充滿活力且準備好工作，我可以對任何問題提供最佳的解答。

如果你在抵達工作場合之前，已經先利用在家裡與上班途中的時間修習正念，那麼當你到達時，會比從前更快樂且更放鬆，成功的溝通也會更加容易達成。

你怎麼思考你的工作與你的職場人際關係，影響了你在職場上的溝通方式。你或許認為自己的工作目的，是為別人提供服務，或製造物品或商品。但在工作的同時，你也在製造思想、話語與行動。溝通在你工作上所占的分量，並不亞於終端的產品。如果你在職場上溝通良好，不只你自己會過得更愉快，也會為你的工作創造出和諧的氣氛。你做的每一件事，當中會有更強的慈悲元素，為更多人帶來更大的利益。

以身作則

幾年前我在印度時，遇見當時擔任印度議會主席的納拉揚（R. K. Narayan）先生。我們談到將諦聽與慈悲對話的修行，帶入立法機關。我說在任何工作環境中，包括立法機構，都可以變成一個由相互了解與慈悲所推動的團體。若我們能夠打造出一個健康且有益的工作團體，便是為世界樹立理想的環境楷模。

在職場上，當你使用正念與慈悲的話語時，便是在貢獻最好的自己。如果我們可以結合眾人的智慧與經驗，那集體智慧會帶來最明智的決定。如果我們無法以開放的心胸聆聽同僚說話，如果我們只考慮和支持自己已經知道與同意的觀點，我們就是在傷害我們的工作環境。無論你的職位高低，懷抱同樣的關注聆聽每個人說話，你便能以身作則。

許多工作場所的特徵是每天都緊張忙碌。我們必須在工作中設立一個空間，修習正念呼吸。正念呼吸是正念溝通的第一步，因為它能讓我們放鬆身心。我們必須放鬆，保持安適，這樣才能做出最佳的決定。當我們在工作時展現放鬆的典範，便是在進行有效的溝通。

納拉揚先生與我討論到，將正念呼吸引入印度議會作為抒解壓力的方法。如果他們在立法機關裡辦得到，也許你在自己的工作場所也能做到。你可以召集同事一起修習正念呼吸，或者在會議之前撥空這麼做，以便讓人們能夠更有效且無壓力地進行溝通嗎？如果你無法組織別人，就算只有你自己做正念呼吸，也會讓你的工作溝通進行得更加順利。有時候職場溝通看似困難重重，但一個正念呼吸便能讓事情開始變得更順暢。

與同事打招呼

你到達辦公室時的第一件事是做什麼？你有對你所看見的人微笑嗎？你有與他們打招呼嗎？開始上班的前幾分鐘是最重要的，定調了你的整個工作天。你的心裡可能還惦記著很多事情，或者你可能還陷在上班前發生的爭論或難題中。但如果你能夠在上班途中，花點時間修習正念呼吸，活在當下，你會帶著清明的頭腦抵達工作場合，用溫暖且開朗的笑容問候他人。無論你從事哪種職業，這都是你工作的一部分。

接聽電話

在工作中，我們許多人不只和周遭的人溝通，還會用電子郵件、電話或視訊會議與他人溝通。有些人的工作夥伴大多沒有處在同一個空間裡，甚或不在同一個時區或同一個國家。即便如此，你還是可以將每一通電話交談或每一封電子郵件，變成修習慈悲溝通的機會。每當電話鈴聲響起時，你可以把它視為正念的鐘聲，你停止手邊的一切工作。不要馬上衝去接電話，覺知地吸氣與呼氣三次，確保自己真的為打電話來的人而在，然後才接聽。覺察自己可能有的一切緊張或惱怒的感受，或者是你覺得被打擾了。正念呼吸時，你可以將手放在電話聽筒上，讓你的同事們知道你準備拿起電話，但並不著急。這有助於提醒他們，他們無須覺得自己是電話的受害者。

在閱讀電子郵件之前，你也可以使用同樣的方法修習。在工作中，我們通常並未先修習正念呼吸，便心不在焉地瀏覽電子郵件，我們沒有讓自己真的專注於電子郵件說些什麼。如果我們做幾分鐘的正念呼吸，完全回到當下以後才打開電子郵件，處理郵件的時間確實可能會稍微久一點，工作也會慢一些，但我們與每封電子郵件的溝通將會變得更有效率、更清楚且更了解。

如果你想傳送電子郵件或打電話給某人，在開始打字或撥號之前，也許你可以先唸誦以下的短詩：

話語傳千里，
願能創造出，
互諒與敬愛。
但願此番話，
璀璨如寶石，
芬芳似花香。

正念會議

我們在會議裡的溝通，經常成為工作上緊張、壓力與衝突的來源。有時候我們從一個會議匆忙趕赴下一個會議，到達時已經是焦慮不安或心煩意亂。

如果在每場會議開始之前，能安排幾分鐘的時間一起靜坐，將會很有幫助。如果你的工作場所在會議開始之前允許敲鐘，鐘聲將會幫助大家返回自己的呼吸，讓心沉靜下來。如果人們不想在會議開始前一起靜坐片刻，你還是可以提前幾分鐘到達，讓自己有時間放鬆，修習正念呼吸。也許下次別人就會以你為榜樣，加入你的行列。你無須說任何話語，或刻意讓別人知道你在這麼做。只管做就好，然後好好享受它帶給你的益處。

在會議開始時先口頭協議，出席者會尊重彼此的發言，對別人的意見保持開放的態度，這樣的定調方式會很有幫助。如果我們試著強迫別人接受我們的意見，那只會徒增工作的緊張與痛苦。因此在所有的會議中，我們都應該練習打開心扉，聆聽別人的經驗與智慧。

如果你有一個很棒的想法亟欲與人分享，那很好，但你不應急著表達己見而抹殺別人的意見。我們應該集思廣益，相信最好的意見都能從這個過程中浮現出來，成為集體的智慧。

在會議期間，練習使用愛語與諦聽。聆聽時跟隨你的呼吸，一次一個人說話，不要打斷他，也不要落入口角。根據自己的經驗說話，每次說話時都是向全體發言。如果你有問題或意見，請把它們放在團體中間，供全體思考與討論。這麼做可能有些難度；它就像一種開會的新文化，不同於過去會議進行的方式。這個文化改變不是一蹴可幾的。如果每個人都同意保持諦聽且不干擾說話的人，那就很好了。即使只有你一個人遵循這些準則，承諾要慈悲說話與聆聽，也會帶來正面的效果。

創造工作中的和合衆

如果你在工作中展現慈悲溝通的風範，很快地別人就會對與你一同修習正念呼吸、安坐與正念行走感興趣。如果你周遭都是一起修習正念的人，你們會有集體能量的支持，修習正念話語與諦聽將更容易。

越常修習正念，便越能看清楚該怎麼做才能改變工作環境，使它朝正向發展。當我們修習正念話語與諦聽時，我們溝通的方式會變成所有人的正念鐘聲。當你正念行走時，享受踏出的每一步，這會鼓勵別人起而效法，即使他們不知道你在修習正念也無妨。當你微笑時，你的微笑會支持周遭每個人，同時也提醒別人微笑。當你修習時，你的存在對你自己與周遭的人，都會帶來正面的影響。

河裡的石頭

每個人在工作中難免都會遇到困難。我們都有自己的痛苦、悲傷與恐懼。通常在工作中，我們不會給自己時間與空間，去覺察和擁抱這些強烈的情緒，因此我們的壓力便會在無意間顯露出來，這會使溝通變得困難。

沒有人得獨自擁抱痛苦與悲傷。當你丟一顆石頭到河裡時，無論石頭多小，它都會沉入河底。但如果你有一艘船，便能運載幾噸的石頭，而不會下沉。我們的痛苦也一樣。如同石頭，一切悲傷、恐懼、憂慮與痛苦都可以被正念的船隻運載。如果我們給自己時間與空間，去覺察和擁抱痛苦，便不會沉入憤怒、憂慮或悲傷的海洋。我們感覺輕鬆了。

我們可以獨自修習正念，但如果能將正念溝通帶入工作環境，得到其他共修者的支持，我們會更自在與喜悅。別期望一夜之間能改變你的工作環境。但如果你對自己及同事們精進修習慈悲溝通，便是朝著正確的方向前進，這樣就已經夠好了。

七

創造世間的和合衆

Creating Community in the World

集體的正念能量能幫助我們，
擁抱和釋放單靠我們自己的力量無法觸及的痛苦。

在處理個人的人際關係時，慈悲溝通是非常有力的，而當我們將它帶入團體時，它的力量會擴大。communication（溝通）與 community（團體）這兩個英文字的拉丁文字根都是 *communicare*，意即分給、分享或合作。我們應該朝和解與了解的方向前進，不只是和朋友與家人，還要擴及鄰居與同事。我們可以建立一個包容與慈悲的基地，作為與所有人互動的基礎。

一個努力投入正念話語與諦聽的團體，可以非常有效地令社會變得更美麗。這兩項修習可以成為全球道德的一部分，適用於所有文化與宗教傳統的人，減少衝突，恢復溝通。

團體創造改變

我們可以從能量的角度來談我們的修習，因為正念便是一種能量。當我們把能量聚合在一起時，它會增強千倍。整體的能量可以比部分的總和大很多。沒有團體的能量，我們不可能達成體系的轉變。如果你想拯救地球，如果你想改變社會，你就需要一個有力的團體。光靠科技是不夠的。少了正念，科技的破壞力可能更甚於建設力。當我們說要建立一個永續的環境，或創造更公義的社會時，我們通常提到以行動或尖端科技為手段來達成這些目標，但我們忘了相處融洽的團體這個要素。少了這樣的團體，我們什麼事也做不成。

想起群體行動時，我們通常會想到身體行動，但一起靜默禪修，一起唱誦的能量，也是一種溝通及有力的行動。我不會把這種專注狀態想像為祈禱或宗教儀式，而是一種溝通方式。當我們專注地坐在一起，會創造出慈悲與理解覺悟的集體能量。一起安坐，是聆聽自身痛苦與聆聽世間痛苦的修習。

集體的正念能量，也會支持我們個人的修習。當我們看到別人與他們自己及其他人都有良好的溝通時，他們會啟發我們。有時候悲傷的原因被層層痛苦遮蔽，以至於我們無法單靠自己的力量穿透它，即使當我們精進修習與正念安坐時也沒辦法做到。在這樣的情況下，集體的正念能量便能幫助我們，擁抱和釋放單靠我們自己的力量無法觸及的痛苦。如果我們打開自己的心，團體的集體能量便能穿透我們內在的痛苦。正念聆聽與說話，讓我們更容易建立一個更有力的團體。

建立互信並分擔痛苦

我們有些人不容易信任別人。對這樣的人來說，很難想像與較大的團體分享是什麼情形。我們可能有點小心翼翼，甚或非常懷疑。人們說他們愛我們且了解我們，但我們從來沒有真正感受到那份愛與了解。我們應該設法幫助沒有能力接受愛與接受了解的人。有時候確實有真正的愛與真正的了解，但那個人就是不相信，因此他永遠無法接受它。那個人便如同餓鬼。在佛教裡，「餓鬼」是指有個巨大的空胃且非常飢餓、卻只有極細喉嚨的人。即使有許多食物，那個人也吞不下去。他吸收不到任何東西。因此就算別人給予他許多了解與愛，他也無法消受。

一個如此痛苦的人沒有能力去接受了解、愛與幫助。你必須很有耐心。我們不時會看到這類餓鬼出現在周遭，我們輕易就能認出他們。他們看起來非常孤單且與世隔絕。我們必須很有耐心，給他們充裕的時間與空間。別太急著伸出援手，因為當你太急於幫助時，反而會出現反效果，你可能會弄巧成拙。

對他們保持清新、慈愛、慈悲與寬容，這是你現在所能做的事。深入觀察，看看你能否找到一個真言，然後非常善巧地說出來，幫助他們打開喉嚨，獲得營養。憑藉耐心與時間，總有一天他們的喉嚨會打開一些，他們會開始察覺你身上蘊藏的愛與了解的能量。團體營造得一步一步慢慢來。

團體會增強個人的慈悲心

科學家們研究鳥類與魚類等群居動物的行為後，發現所有群體中都有利他行為的元素；有些群體中的成員隨時可以為了群體赴死，犧牲自己的生命。

有一種名為刺魚（stickleback）的魚類，會成群結隊地游動，每群都有幾千條。

每當牠們察覺到可能危害魚群的大型獵食魚的蹤影時，便有幾十條魚會脫隊出去探查。牠們明知有危險，卻願意往那個方向去察看威脅是否存在。如果牠們發現沒有危險，便會折返重新加入魚群。但如果真的有危險，其中幾條會留在原地被大魚吞食，而其他的魚則會游回去通知魚群變更方向。螞蟻、蜜蜂與幾種鳥類也都有類似的行為。在我們人類的社會裡，也有新聞報導提到類似這種犧牲自己的英雄。

你的群體裡某些成員的這種行為，滋養了你自己的慷慨行為與利他行為。做這個魚類研究的科學家們發現，如果一群魚聚在一起，魚兒慷慨施予的心會更強。牠們的後代會獲益，而且變得更加慷慨。但如果牠們分散開來，慷慨心便會迅速地減弱。

根據這些科學家的研究，當你接觸到群體中某些成員的這些行為時，你心中利他的種子會獲得灌溉。一旦你有機會時，你也會做同樣的事——你會知道該如何為群體奉獻。

我們活在這個世上，都有強烈的習氣。我們走路心不在焉，完全沒有覺知自己的步伐或享受它，總是倉促地前行。我們說話，卻不知道自己在說什麼；我們一邊說話，一邊製造出許多痛苦。承諾正念生活的團體，可以幫助成員學習如何正念地說話、呼吸與行走。團體會幫助訓練你，你也訓練你自己。

當我們在團體中修習時，有更多人支持我們，但也會有更多機會感到挫折與憤怒。愛語與諦聽是建立團體的關鍵，你學習用不會造成自己痛苦與造成團體痛苦的方式說話。如果你的團體沒有這樣修習，它就不是真正可靠的團體。即使你有痛苦與憤怒，還是可以訓練自己用善巧的方式說話，以幫助其他人或其他群體了解你的實際狀況，這樣才有可能達到真正的溝通。

我們的世界可以是一個充滿正念與慈悲的團體

我們必須找到更好的溝通方式。如果我們能在我們的關係中這麼做，在我們的工作環境、甚至我們的政治環境中也辦得到。我們要讓政府成為充滿正念與慈悲的地方，充滿諦聽與愛語的地方。我們每個人都可以善盡一個公民與人類家族成員的職責。在建立團體的過程中，我們得到轉變與療癒，而那是我們進一步轉變並療癒世界所必需的。

這是一個訓練與學習的過程。當你說話時，讓全體人類的智慧透過你而說話。當你走路時，別獨自走路，為你的祖先與團體而走。當你呼吸時，讓這個更大的世界為你呼吸。當你生氣時，讓你的怒氣被這個更大的團體擁抱和釋放。如果有一天你知道如何做到，你便已經轉變了。讓你成為你的團體，讓你的團體成為你。這是真正的修行。讓自己如同江河流入海洋，如同蜜蜂與鳥類一起飛翔。在團體中，看見你自己；在你身上，看見團體。這是改變你看事物的方式的過程，它會改變你的溝通方式，讓它變得更有效率。

八

我們的溝通，是我們的延續

Our Communication Is Our Continuation

即使昨天你生起一個憤怒與憎恨的念頭，
今天你還是可以生起一個反向的念頭，
一個慈悲與寬容的念頭。

所有人與所有動物都會溝通。我們一般認為，溝通就是我們說話或書寫時所使用的文字，但我們的身體語言、面部表情、聲調、身體動作、甚至想法，其實都是溝通的方式。

如同橘樹會產生美麗的橘葉、花與果實，一個美好的人也會產生美好的思想、話語與行為。我們的溝通不是中性的。每次我們溝通，不是產生更多的慈悲、愛與和諧，便是產生更多的痛苦與暴力。

我們的溝通是我們在世間走過的痕跡，也是我們離開後會留下來的東西。由此看來，我們的溝通便是我們的「業」（*karma*）。在梵文裡，業的意思是「行為」，不只是指身體的行為，還包含身體、話語及思想意念的表現。

我們整天都在製造思想、話語與行動這些能量。我們每一刻都在溝通，不是和自己就是和別人溝通。思考、說話與身體行動是我們自己的表現形式。你**即**你的行為。你就是你所做的事，不只是身體所做的事，還包括你的話語和你的心。業是由我們的思想、話語與身體行動這三種行為所組成。

思考已經是行動。即使你沒看見它的具體展現，它仍然以強大能量的形式存在。思考會促使你去做壞事或說壞話，也可能創造出許多的愛。每一個念頭都會帶來果報，有時是立即顯現的，有時則是後來才看得到。當你生起憎恨、憤怒或絕望的念頭時，它是一種毒藥，會危害你的身心。憎恨或憤怒的念頭可能會引領一個人去傷害別人。如果你做了一個暴力的行為，那意味著你已經生起憎恨、憤怒與懲罰的念頭。因此思考已經是行動。你無須說任何話或做任何事來證明它是行動。生起一個念頭，便是在行動。

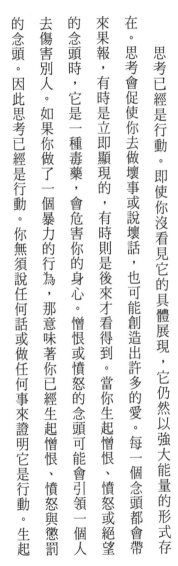

當你生起一個充滿了解、寬恕與慈悲的念頭時，它會立即為你的身心健康及周遭的人帶來療癒的效果。但如果你生起一個充滿批判與憤怒的念頭，它則會立即毒害你的身心及周遭的人。

思想是第一種業，因為思想是我們如何影響這個世界的基礎。我們的話語也有巨大的影響力。如果我們能抱著慈悲與了解的心去說話與書寫，那麼我們的身心都會感到很美妙。我們不帶著慈悲說話，只因為不想讓對方好過。但慈悲的話語其實對我們自己也有療癒的效果。一旦你能夠說出和善、寬恕與慈悲的話語，你一定會感到更好。

當你寫下充滿慈悲與寬恕的文字時，你感到更加自在，即便對方尚未讀到它們也無妨。甚至在你寄出信件、傳送電子郵件或簡訊之前，你的心就已經感覺好一些了。閱讀書信的人也會感受到你的慈悲。同樣地，如果你的話語裡充滿憤怒與暴力，如果你帶著懲罰之心在說話，那麼你與對方都會感受到更大的痛苦。想想聽到父母爭吵的小孩，即使那些話並不是針對他，但殺傷力是一樣大的。話語，業的第二種形式，能帶來療癒與解脫，也能造成破壞與痛苦。

第三種業是身體行動。我們透過身體語言（緊握雙拳或張開手臂），或用更大的行動（包括選擇做什麼事、如何過我們的日子，以及如何對待別人）來與人溝通。如果你能做出拯救、支持、保護、安慰、援助或關懷這類事情，便會立即產生正面的影響。

一切溝通都帶有我們的印記

我們的一切言行都帶有我們的印記。我們不能說：「那不是我的想法。」我們必須為自己的溝通負責。因此如果我昨天說了什麼不正確的話，今天就必須採取行動來改變它。法國哲學家沙特（Jean-Paul Sartre）說：「一個人是他行動的總和。」生命的價值取決於我們思考、說話與行動的品質。

我們想要獻上最好的思想、話語與身體行動，因為那些行為都是我們生命的延續。當我們思考、說話與行動時，我們在創造，我們都存在於自己的創造中。那是我們生命的結果。當我們的身體不再存在時，我們的溝通並不會隨之消失。我們身、口、意的業報會持續在宇宙間掀起陣陣漣漪。無論這個身體仍然存在或已經分解，我們的業行都會繼續存在。

當你生起一個念頭時，它帶有你的印記。生起那個念頭的人是**你**，因此你得為它負責。如果那是一個慈悲、寬恕與無歧視的念頭，你會持續地美麗，因為你活在其中。你是那個行動的作者。你的話語與身體行動，無論是慈悲的或暴力的，也都帶有你的印記。

我們如同會產生雨的雲朵。即使雲已經不再飄浮於天空中，它依然透過雨而持續影響農作物、樹木與河流。同樣地，我們身、口、意製造的一切事物，在身體分解後，仍然會持續存在著。雲存在於玉米田與河流中。當身體分解時，我們身、口、意的業行仍然會持續產生影響。我們的思想、話語與行為都是我們的真實延續。

根據這個修習，未來持續美好是有可能的。想像我們在某處有個銀行帳戶，裡面儲存了我們的一切話語、思想與身體行為。這個銀行帳戶確實存在，但其本質是不受地域限制的。所有東西都不會遺失。

改變過去

假設過去你對祖母說了一些不好的話。如今她已經去世了，因此你無法當面向她道歉。我們許多人對過往的言行感到愧疚，認為自己再也無法彌補。但其實過去的那個過錯是可以被消除的。過去並非真的消失無蹤，如果我們知道自己的溝通行為持續存在著，便會明白過去依然存在，只是埋在當下的時刻裡。畢竟痛苦依然存在；你可以接觸到它。

現在你能做的是，坐下來，深呼吸，覺知你身上的每一個細胞都有你祖母的存在。「祖母，我知道妳在我身體的每個細胞裡，我是妳的延續。我很抱歉曾經說過讓妳痛苦也讓我自己痛苦的話。祖母，請聽我說。我保證，從今以後我再也不會對任何人說那樣的話。祖母，請幫助我做這樣的修習。」當你對祖母這麼說時，你可以看見她正在對你微笑，過去的痛苦因此得到療癒。

溝通不是靜止不變的。即使昨天你生起一個憤怒與憎恨的念頭，今天你還是可以生起一個反向的念頭，一個慈悲與寬容的念頭。新的念頭一生起，很快便能影響昨天的念頭，中和它。今日使用正確的溝通，有助於我們療癒過去，享受當下，為美好的未來奠定基礎。

九

慈悲溝通的修習

Practices for Compassionate Communication

你的心將轉變成安定、了解與慈悲。

電腦鐘聲

常常當我們使用電腦工作時，會完全沉迷其中，而忘了接觸我們自己。又或者我們會忘了注意自己的對話，不知不覺陷入閒聊、批評、抱怨與其他缺乏正念的談話中。

我們可以在電腦上安裝正念鐘聲程式，每隔十五分鐘（或隨我們喜好的時段）鐘聲便會響起，讓我們有機會停下來，重新回到自己。吸氣與呼氣三次，便足以讓我們抒解身體的緊張並微笑，然後我們便可以繼續工作。

正念地喝茶

喝茶是抽空與自己溝通的絕佳方式。當我喝茶時，就只是在喝茶。我無須思考。在喝茶的當下，我可以停止一切思考。當我停止思考時，便可以把注意力集中在茶上。當下只有茶。只有我。我與茶之間有個連結。與茶交談無須用電話。事實上，因為不用電話，我可以與茶有更多的接觸。我只是吸氣，然後覺知入息，覺知身體的存在，覺知茶的存在。

騰出時間專心喝茶是很美妙的。在禪宗裡，我們並不常用戒律來規範人，而「喫茶去！」就像禪宗的戒律，帶領你回到自己真正的家。別思考，活在當下，統合身心。讓自己安住於當下。你是真的活著。你不是鬼魅；你活在現實中，你知道當下正在發生的事。當下正在發生的事便是，你的手上有杯茶。

聆聽你內在的小孩

我們每個人內在都有一個受傷的小孩，需要我們的關心與疼愛。但我們逃離自己內在的小孩，因為我們害怕痛苦。除了以慈悲心聆聽別人說話，我們也必須聆聽自己內在的小孩。那個小孩需要我們的關注。花點時間回去，溫柔地擁抱你內在的小孩。你可以用愛的語言與那個孩子交談。「親愛的，過去我拋下你，讓你孤單一人。很抱歉，我已經離開你很久了。現在我要回來照顧你，擁抱你。我知道你非常痛苦，過去我一直忽略你。但現在我已經學會如何照顧你。此刻我就在這裡。」如果有需要，我們可以陪著那個小孩哭泣。每當我們坐下來時，都可以花點時間陪那個小孩安坐與呼吸。「吸氣，我回到那個受傷的小孩身邊；呼氣，我妥善照顧那個受傷的小孩。」當我們去散步時，可以牽著內在小孩的手。

為了療癒過去的傷痛，我們應該一天數次，與自己內在的小孩對話。那個小孩已經被我們遺棄許久，因此我們必須立即展開這個修習。每天都要回去找你內在的小孩，聆聽他五至十分鐘，療癒便會展開。

那個受傷的小孩不只是我們，他可能還代表了歷代的祖先們。我們的父母與祖先們，可能因為不知道如何照顧內在受傷的小孩，而一輩子都在受苦，因此他們才會將那個小孩傳給我們。所以當我們擁抱自己內心那個受傷的小孩時，我們也在擁抱過去歷代所有受傷的小孩。這個修習方法不只對我們有益，也會讓無數代的祖先與子孫們得到解脫，它可以打斷這樣的循環。

寫一封愛的信

如果你在生活中與某個人相處困難，你可以花些時間獨自靜處，寫一封真的信給那個人。你可以寫信給某個每天都會見面的人，或者同樣有效地，寫信給已經數年未曾謀面的人，甚或是已經去世的人。為一段關係帶來和解與療癒，永遠都不嫌晚。即使我們再也看不到那個人，還是可以在心中與之和解，療癒這段關係。

給自己幾個鐘頭的時間，用愛語寫一封信。一邊寫信時，一邊練習深入觀察這段關係的本質。為什麼溝通會有困難呢？為什麼無法快樂呢？以下是一個範例：

親愛的：

我知道你長年以來都很痛苦，我卻沒能幫助你——事實上，我反而還讓情況更加惡化。我並無意讓你痛苦，也許是因為我的溝通技巧不夠好，或者是因為我試圖將自己的意見強加在你身上。過去我總認為是你讓我痛苦，現在我明白我必須為自己的痛苦負責。

我向你保證，今後我會盡力避免做出令你痛苦的言行。請告訴我你心中在想什麼。我需要你的幫助，否則我做不到。我無法獨自完成此事。

寫這封信完全沒有任何風險。你甚至可以晚點才決定是否要寄出它。但無論你是否將它寄出，你都會發現寫完信的那個人，已經不同於剛開始寫信的那個人——你的心已經轉變成安定、了解與慈悲。

簽訂和平協議與和平備忘錄

和平協議與和平備忘錄是兩種工具，幫助我們療癒關係中的憤怒與傷害。在我們遭受不友善的言行傷害之前，和平協議可以作為預防工具。當我們簽署和平協議時，不只是和別人締結和平，也是與自己的內心談和。

當我們因為某個人說了什麼或做了什麼，而受到傷害或感到憤怒時，和平備忘錄可以作為療癒的工具。你可以複製它或保留空白的格式，以備未來不時之需。你可以用它取代平常保存在皮夾中的第四句真言的便條。

如果某個人做了某件令我們痛苦的事，我們可以說：「你剛才說的話傷害了我。我想要深入觀察它，我希望你也能這麼做。讓我們約定好在本週稍晚的時間，一起來檢視它。」一個人檢視痛苦的根源很好，兩個人檢視更好，而兩個人一起檢視則是最好的。

不論協議或備忘錄，都建議雙方過幾天再作討論。你可以任選一個夜晚。首先，你仍在受傷，如果現在立即展開討論，可能太過冒險，因為你可能會說出讓情況變得更糟糕的話。從現在起，直到約定的那晚，你可以練習深入觀察自己痛苦的本質，而對方一樣可以這麼做。在那晚之前，你們兩人其中之一，或者你們兩個人，可能會看清楚問題的癥結，然後告訴對方並道歉。到了那一夜，你們就可以一起喝茶，愉快地交談。

如果在那夜之前，痛苦仍然未被化解，那麼其中一人可以開始表達自己的意見，而另一個人則耐心傾聽。當你說話時，應該用愛語說出最誠懇的真話，那種話語必須是對方可以了解與接受的。而當你在聆聽時，必須能讓對方解除痛苦。如果可以，最好選在週五晚上或週六早晨，這樣你們還是有個愉快的週末可以共享。

和平協議

為了能夠長久且快樂地一起生活，為了可以持續發展和深化我們的愛與了解，我們簽署應該遵循與修持的誓約如下：

一、生氣的一方，同意：

1. 避免做出可能造成進一步傷害或升高怒火的言行。
2. 不壓抑我的憤怒。
3. 修習正念呼吸，皈依內心的島嶼。
4. 在二十四小時內，平靜下來，告訴對方我的憤怒與痛苦，可以口頭表達或遞上和平備忘錄。
5. 約定在本週稍晚會面（例如在週五晚上），更徹底地討論此事，可以口頭邀約或遞上和平備忘錄。
6. 切勿說：「我沒生氣，一切都沒問題。我並不痛苦，沒什麼好生氣的，至少還不到讓我生氣的程度。」
7. 修習正念呼吸並深入觀察行、住、坐、臥時的日常舉動，以認清：

a.有時我自己各種不善巧的溝通方式。
b.我如何因為自己的習氣而傷害對方。
c.我心中強烈的憤怒種子如何變成我生氣的主因。
d.別人的痛苦（它會澆灌我心中憤怒的種子）如何變成我生氣的次要因素。
e.別人如何變得只會從他自己的痛苦裡去尋求慰藉。
f.只要別人痛苦，我便無法真正快樂。

8.一明白我自己的不善巧與缺乏正念，我就立即道歉，不必等到週五晚上才做。

9.如果我感覺尚未平靜到能見對方，便將週五的會面延期。

二、令對方生氣的一方，同意：

1.尊重對方的感受，不揶揄對方，讓對方有足夠的時間平靜下來。

2.不要急著立即討論。

3.同意對方會面的邀約，以口頭約定或備忘錄的方式皆可，並向對方保證自己一定會到。

4. 修習正念呼吸，皈依內心的島嶼，以認清以下情況：

a. 我有不仁慈與憤怒的種子與習氣，會令對方感到不快樂。

b. 我一直誤以為讓對方痛苦會減輕我自己的痛苦。

c. 令對方痛苦，我也讓自己跟著痛苦。

5. 一明白我自己的不善巧與缺乏正念，我就立即道歉，不替自己找任何藉口，也不等到週五晚上才做。

我們發願遵守這些條文並全心全意地奉行。

簽名：

於＿＿年＿＿月＿＿日

和平備忘錄

日期：

時間：

親愛的________：

今天早晨／下午／昨天，你說了某些話或做了某件事令我非常生氣。我非常痛苦，希望你知道此事。你說了／做了：________

____

請讓我們在本週五晚上，用平靜與開放的態度，一起檢視並討論你所說的話／所做的事。

現在不太快樂的我________

重新開始

當我們的關係出現問題，其中一人感覺忿恨不平或受到傷害時，可以試試一個名為「重新開始」的修習方法。重新開始是指深入且誠實地看待自己——我們過去的各種行為、話語與思想——並在我們的內心與我們的關係中，創造一個嶄新的開始。

重新開始會幫助我們增長愛語與諦聽，因為它是一種承認和欣賞別人好的一面的修習方法。承認別人的優點，讓我們也能看見自己的長處。除了這些優點，我們每個人也都有弱點，例如因為憤怒而說氣話，或執著於自己的錯誤認知。如同在花園裡，當我們澆灌每個人心中慈愛與悲憫的種子時，我們也拔除了憤怒、嫉妒與錯誤認知的雜草。

對我們關心的人表達謝意，在我們做出傷害他們的言行時立即道歉，這麼做，我們每天都可以修習重新開始。此外，當我們受到傷害時，也應該禮貌地讓對方知道。

更正式的重新開始，可以在家庭與職場中一週做一次。它是一個分成三部分的過程：**給花澆水**、**表達悔意**，以及**表達傷痛與困難**。這個修習方法可以防止受傷的感覺一週又一週不斷地累積，幫助職場或家庭中的所有成員，安心地工作與生活。

給花澆水是這個修習的第一個部分。這個部分，僅僅是對家庭或工作團體中的其他人表達謝意。大家逐一分享，等到想分享的時候才說話，其他人則是聽就好，不做回應。說話的時候，手上拿著一瓶花或拿著面前的某件物品會很有幫助。這麼做，話語會反映出花朵的新鮮與美麗。在給花澆水期間，說話者感謝其他人善良與美好的特質。這並非諂媚；我們必須說實話。人人都有優點，只要有覺知就可以看得到。沒有人可以打斷拿著花的人。每個人都有充分的時間發言，其他人則練習耐心傾聽。當一個人說完話時，便站起來慢慢地將花瓶放回房間中央。

不要低估給花澆水這一步。當我們誠懇地表彰別人的美好特質時，便很難繼續抓緊自己憤怒與憎恨的感受。我們會自然地軟化，眼界也會更加開闊，對整體事實更具包容力。

這個修行的第二部分，參與者對自己曾經做過傷害別人的任何言行表達悔意。只須一個不經大腦的句子便足以傷害別人。有時我們會執著於某個小憎恨或小懊悔，而且因為沒有時間去處理它，使它日益增長。重新開始的修習，讓我們有機會回想起本週較早時候的某些懊悔並平息它。

在這個儀式的第三部分，我們說出別人如何傷害我們。愛語是關鍵。我們希望療癒自己的家人與工作團體，而非傷害他們。我們直說，但並不想造成破壞。與我們一起坐的人都在修習諦聽，我們的話語自然變得更美麗且更有建設性，我們從不責備或爭吵。

在修習的最後一個部分，慈悲聆聽很重要。我們抱著止息他人痛苦的意願，聆聽別人的傷痛與困難，不批評也不爭辯。我們全神貫注地聆聽，即使聽到不實的內容，還是繼續耐心傾聽，好讓對方能夠表達出心裡的痛苦，抒解緊張的壓力。如果我們回應或糾正那個人，修習就不會有成果。只要聆聽就好。如果我們需要告訴對方他們的認知是不對的，可以晚幾天才私下且平靜地進行。然後，在下次重新開始的修習中，他們可能會糾正自己的錯誤，而我們也無須再多言。我們可以靜默片刻，來結束這個修行。

只是練習重新開始的第一部分，給花澆水，便能提升家裡或職場的幸福快樂與溝通。無須每一次都三個部分全做。尤其當你剛開始接觸這個修習時，可以將大部分的時間用在給花澆水上。過了一段時間，等到信任確立了，便能慢慢地增加第二與第三部分。即使是那個時候，也不要跳過第一部分。表達謝意是建立穩固和關愛的關係最好的方式之一。

冰箱裡的蛋糕

蛋糕是我們可以用來改善溝通的工具之一。如果你不會烘焙，或沒有蛋糕，或對麩筋過敏，都沒關係。這是一個很特別的蛋糕，並非如海綿蛋糕般是用麵粉與糖做成的。我們可以一直吃它卻永遠吃不完。它名為「冰箱裡的蛋糕」。

這個方法原本是用來幫助孩子處理他們與父母之間的爭議，但也可以用在成人之間的關係。當氣氛變得沉重陰鬱，似乎有人快要發脾氣時，你便可以用這個蛋糕修習法來恢復和諧的氣氛。

首先，吸氣與呼氣三次，給自己勇氣，然後轉向悶悶不樂的人或人們，告訴他們你剛想起某件事。當他們問你什麼事時，你就回答說：「我想起冰箱裡有個蛋糕。」

說「冰箱裡有個蛋糕」其實意味著：「拜託，我們別再讓彼此痛苦了。」聽到這些話之後，那個人就會了解你的意思。順利的話，他會看著你說：「沒錯，我這就去拿蛋糕。」這是一個不存偏見，走出危險情境的方法。那個在生氣的人，現在有機會安全撤退，而不會製造更多的衝突。

於是他走進廚房，打開冰箱拿出蛋糕，並燒水煮茶，全程都跟隨著自己的呼吸。如果冰箱裡沒有真正的蛋糕，也可以用其他的東西來取代，例如一片水果、吐司麵包或任何你找得到的東西。在準備點心與茶的過程中，他甚至還會記得微笑，讓身心更加放鬆。

獨自坐在客廳的另一個人，此時可以開始修習正念呼吸。慢慢地他的火氣會平息下來。在茶與蛋糕端上桌後，也許大家都會在輕鬆且充滿諒解的氣氛下共享茶點。如果有人踟躕不前，你可以好言相勸：「請來陪我享用一些茶與蛋糕。」

擁抱禪

有種最強的溝通是無需言語的。當我們擁抱時，我們的心相互連結，我們知道自己並不孤單。以正念與專注擁抱，可以帶來和解、療癒、了解與許多歡樂。

你可以對朋友、女兒、父親、伴侶、甚或樹木修習擁抱禪。修習時，先互相鞠躬，覺知對方的存在。閉上雙眼，深呼吸，觀想三百年後的你與你的摯愛。然後享受三次深深的、覺知的呼吸，讓自己完全回到當下。你可以對自己說：「吸氣，我知道此刻的生命很寶貴。呼氣，我珍惜生命中的這一刻。」

對你面前的人微笑，表達你想把他擁在雙臂裡的想法。這是一種修行，也是一種儀式。當你身心合一，讓自己完全活在當下，你變得充滿活力，那是一種儀式。

當我喝一杯水時，我全心全意地喝水。你應該訓練自己每一刻都如此度過。擁抱是一種很深的修習。你必須完全活在當下才能正確地做到。

然後，張開雙臂開始擁抱。抱住彼此，做三次呼吸。第一個呼吸，你覺知自己就活在此刻，並且很快樂。第二個呼吸，你覺知對方存在此刻，並且也很快樂。第三個呼吸，你覺知你們兩人一起存在於此時此地，對於能夠在一起，你們感到深深的感激與快樂。然後你們可以鬆開對方，彼此鞠躬致謝。

你也可以用以下的方式練習擁抱禪：在第一次吸氣呼氣時，你覺知自己與所愛的人都活著。第二次吸氣呼氣時，想像三百年後你們兩個人會在何處。第三次吸氣呼氣時，重新回到你們都活著的洞察上。

當你以這樣的方式擁抱時，對方會變得真實又鮮活。你無須等到你們其中一人準備離開去旅行時才做；現在立刻就可以擁抱，感受這一刻你朋友的溫暖與安穩。擁抱可以成為很深刻、讓彼此和解的修習。

在靜靜擁抱的期間，這個訊息會清楚浮現：「親愛的，你對我來說是很珍貴的。很抱歉我從前粗心大意又不體貼，我錯了，請讓我重新開始。」

生命在此刻會變得很真實。建築師建造機場與車站時，要建造足夠的空間讓人修習擁抱禪。你的擁抱將會更深刻，幸福快樂也會更深刻。

國家圖書館出版品預行編目資料

諦聽與愛語：一行禪師談正念溝通的藝術／一行禪師 Thich Nhat Hanh 著
賴隆彥 譯. -- 初版. -- 台北市：
商周出版, 城邦文化出版：家庭傳媒城邦分公司發行；
2014.04　面：　公分.
譯自：The Art of Communicating
ISBN 978-986-272-542-9（平裝）
1. 佛教修持　2. 人際關係
225.87　　　103002673

諦聽與愛語：一行禪師談正念溝通的藝術

原著書名／The Art of Communicating
作者／一行禪師 Thich Nhat Hanh
譯者／賴隆彥
責任編輯／陳玳妮

版權／林心紅
行銷業務／李衍逸、黃崇華
總編輯／楊如玉
總經理／彭之琬
事業群總經理／黃淑貞
發行人／何飛鵬
法律顧問／元禾法律事務所　王子文律師
出版／商周出版
城邦文化事業股份有限公司
台北市中山區民生東路二段141號9樓
電話：(02) 2500-7008 傳眞：(02) 2500-7759
E-mail：bwp.service@cite.com.tw
Blog：http://bwp25007008.pixnet.net/blog
發行／英屬蓋曼群島商家庭傳媒股份有限公司城邦分公司
台北市中山區民生東路二段141號2樓
書虫客服服務專線：02-25007718・02-25007719
24小時傳眞服務：02-25001990・02-25001991
服務時間：週一至週五09:30-12:00・13:30-17:00
郵撥帳號：19863813　戶名：書虫股份有限公司
讀者服務信箱E-mail：service@readingclub.com.tw
歡迎光臨城邦讀書花園 網址：www.cite.com.tw
香港發行所／城邦（香港）出版集團有限公司
香港灣仔駱克道193號東超商業中心1樓
電話：(852) 25086231　傳眞：(852) 25789337
馬新發行所／城邦(馬新)出版集團【Cité (M) Sdn. Bhd. (458372U)】
41, Jalan Radin Anum, Bandar Baru Sri Petaling,
57000 Kuala Lumpur, Malaysia
電話：(603)90578822　傳眞：(603) 90576622

封面設計／陳建銘
排版／新鑫電腦排版工作室
印刷／韋懋實業有限公司
經銷商／聯合發行股份有限公司
電話：(02) 2917-8022　傳眞：(02) 2911-0053

■2014年4月1日初版
■2022年5月26日初版7刷
定價 250元

Printed in Taiwan

城邦讀書花園
www.cite.com.tw

THE ART OF COMMUNICATING
by Thich Nhat Hanh

ISBN　978-986-272-542-9

廣 告 回 函
北區郵政管理登記證
台北廣字第000791號
郵資已付，免貼郵票

104台北市民生東路二段141號2樓

英屬蓋曼群島商家庭傳媒股份有限公司 城邦分公司

請沿虛線對摺，謝謝！

商周出版

書號：BX1059	**書名**：諦聽與愛語	**編碼**：

請於此處用膠水黏貼

商周出版

讀者回函卡

感謝您購買我們出版的書籍！請費心填寫此回函卡，我們將不定期寄上城邦集團最新的出版訊息。

姓名：　　　　　　　　　　　　　性別：☐男　☐女

生日：西元　　　　年　　　　月　　　　日

地址：

聯絡電話：　　　　　　　　　　　傳真：

E-mail ：

學歷：☐ 1. 小學 ☐ 2. 國中 ☐ 3. 高中 ☐ 4. 大學 ☐ 5. 研究所以上

職業：☐ 1. 學生 ☐ 2. 軍公教 ☐ 3. 服務 ☐ 4. 金融 ☐ 5. 製造 ☐ 6. 資訊

☐ 7. 傳播 ☐ 8. 自由業 ☐ 9. 農漁牧 ☐ 10. 家管 ☐ 11. 退休

☐ 12. 其他

您從何種方式得知本書消息？

☐ 1. 書店 ☐ 2. 網路 ☐ 3. 報紙 ☐ 4. 雜誌 ☐ 5. 廣播 ☐ 6. 電視

☐ 7. 親友推薦 ☐ 8. 其他

您通常以何種方式購書？

☐ 1. 書店 ☐ 2. 網路 ☐ 3. 傳真訂購 ☐ 4. 郵局劃撥 ☐ 5. 其他

您喜歡閱讀那些類別的書籍？

☐ 1. 財經商業 ☐ 2. 自然科學 ☐ 3. 歷史 ☐ 4. 法律 ☐ 5. 文學

☐ 6. 休閒旅遊 ☐ 7. 小說 ☐ 8. 人物傳記 ☐ 9. 生活、勵志 ☐ 10. 其他

對我們的建議：

請於此處用膠水黏貼